"十二五"普通高等教育本科国家级规划教材

综合日语

第三版

总主编　彭广陆　〔日〕守屋三千代
副总主编　何　琳　冷丽敏　王轶群　秦　刚　丁　莉
　　　　〔日〕今井寿枝　野畑理佳　冈智之　滨田亮辅

第一册

主编　何　琳　〔日〕滨田亮辅
　　　刘　健　〔日〕山本美纪

编者　何　琳　冷丽敏　刘　健　彭广陆　孙佳音
　　　王轶群　杨　峻　周　彤
　　　〔日〕滨田亮辅　苞山武义　守屋三千代　山本美纪

北京大学出版社

PEKING UNIVERSITY PRESS

图书在版编目（CIP）数据

综合日语.第一册/彭广陆,（日）守屋三千代总主编；何琳等主编.—3版.—北京：北京大学出版社,2022.6

ISBN 978-7-301-33044-9

Ⅰ.①综… Ⅱ.①彭… ②守… ③何… Ⅲ.①日语–高等学校–教材 Ⅳ.① H369.39

中国版本图书馆 CIP 数据核字 (2022) 第 086148 号

书　　　名	综合日语（第一册）（第三版）
	ZONGHE RIYU (DI-YI CE) (DI-SAN BAN)
著作责任者	彭广陆　〔日〕守屋三千代　总主编
	何　琳　〔日〕滨田亮辅　刘　健　〔日〕山本美纪　主编
责任编辑	兰　婷
标准书号	ISBN 978-7-301-33044-9
出版发行	北京大学出版社
地　　　址	北京市海淀区成府路 205 号　100871
网　　　址	http://www.pup.cn　新浪微博：@北京大学出版社
电子邮箱	编辑部 pupwaiwen@pup.cn　总编室 zpup@pup.cn
电　　　话	邮购部 010-62752015　发行部 010-62750672　编辑部 010-62759634
印　刷　者	天津中印联印务有限公司
经　销　者	新华书店
	787 毫米 ×1092 毫米　16 开本　26 印张　646 千字
	2004 年第 1 版　2009 年第 2 版
	2022 年 6 月第 3 版　2024 年 10 月第 6 次印刷（总第 36 次印刷）
定　　　价	78.00 元（含单词分册）

未经许可，不得以任何方式复制或抄袭本书之部分或全部内容。
版权所有，侵权必究
举报电话：010-62752024　电子邮箱：fd@pup.cn
图书如有印装质量问题，请与出版部联系，电话：010-62756370

综合日语系列教材编委会

中方
主任：彭广陆

（以下按姓氏音序排列）

丁　莉（北京大学教授）
杜　勤（上海理工大学教授）
何　琳（首都师范大学副教授）
兰　婷（北京大学出版社副编审）
冷丽敏（北京师范大学教授）
彭广陆（北京理工大学教授、
　　　　东北大学秦皇岛分校教授）
秦　刚（北京外国语大学教授）
宋　刚（北京外国语大学副教授）
孙建军（北京大学长聘副教授）
汤　丽（北京理工大学副教授）
田建国（上海杉达学院教授）
王晓明（东北大学秦皇岛分校讲师）
王轶群（中国人民大学副教授）
吴小璀（北京语言大学副教授）
杨　玲（北京第二外国语学院教授）
尹　松（华东师范大学副教授）
张元卉（北京理工大学副教授）
周晨亮（北京理工大学副教授）

日方
主任：守屋三千代

（以下按日语读音五十音序排列）

今井寿枝（国际交流基金会关西国际中
　　　　心日语教育专员）
冈智之（东京学艺大学教授）
加纳陆人（文教大学名誉教授）
河村直子（北京理工大学外教）
铃木今日子（中国人民大学外教）
高桥弥守彦（大东文化大学名誉教授）
田口みゆき（文教大学非常勤讲师）
野畑理佳（武库川女子大学准教授）
滨田亮辅（浙江师范大学外教）
福田伦子（文教大学教授）
松冈荣志（东京学艺大学名誉教授）
守屋宏则（原明治大学教授）
守屋三千代（创价大学教授）
吉田阳介（北京理工大学外教）

总　序

　　《综合日语》由中日两国长期从事日语教学与研究的专家学者通力合作编写，是高等教育日语专业基础阶段主干课程教材、"普通高等教育'十一五'国家级规划教材"和"'十二五'普通高等教育本科国家级规划教材"。

　　本教材问世近20年（第一版，2004—2006；修订版，2009—2011），深受广大使用者的喜爱，作为高校日语专业的主干课程教材，长期以来一直为国内数百所高校所采用，在日语界产生了很大的反响，得到同行专家学者以及广大日语教师、学生的一致好评。在新时代背景下，本教材在传授语言知识的基础上，更深度融合党的二十大精神，旨在培养具有爱国情怀和国际视野的高素质外语人才。

　　《综合日语》（第三版）共六册，由北京大学出版社出版的《综合日语》（第一——四册）（修订版）和《高年级综合日语》（上/下册）构成，供日语专业初级阶段至高年级阶段使用。

　　此外，我们还针对高等院校日语专业的"视听说""写作"以及"翻译"等其他专业主干课程，编写了配套教材，构建了"综合日语系列教材"，其构成如下：

《综合日语》（第一——六册）（第三版）
《综合日语·视听说》（第一——四册）
《综合日语·写作》（上/下册）
"综合日语·翻译"（共六册：《综合日语·笔译（日译汉）》《综合日语·笔译（汉译日）》《综合日语·口译（交替传译）日译汉》《综合日语·口译（交替传译）汉译日》《综合日语·口译（同声传译）日译汉》《综合日语·口译（同声传译）汉译日》）

　　《综合日语》（第三版）以"立德树人"为根本方针，充分体现《普通高等学校本科专业类教学质量国家标准》（2018）及《普通高等学校本科外国语言文学类专业教学指南》（2020）的人才培养目标。全体编者秉承严谨治学、精益求精的学术姿态，尽职尽责，力求在教材编写理念以及素材内容的组织等方面紧跟时代前进的步伐，努力将本系列教材打造成系统性、专业性、有情怀、有深度的精品，更好地为广大日语教师及学习者服务。

总 序

  教材紧密围绕立德树人的根本任务，将党的二十大报告中的教育资源融入日语学习，通过精编学习材料和例句，使学生在提升语言技能的同时，深刻理解中国特色社会主义实践，增强"四个自信"。此外，教材还注重模拟真实情境的练习设计，让学生在实际应用中体会日语的魅力。

  同时，教材深入挖掘中华优秀传统文化，通过融入日语语言和文化特色的词汇、句式，以及与中国传统节日、习俗相关的内容，使学生在学习日语的过程中，深刻体会中华文化的博大精深，从而增强学生的文化自信和民族自豪感。

  期待"综合日语系列教材"的出版能够为高校日语课堂教学改革，为促进学习者日语语言能力的发展起到积极的推动作用，为我国日语教学与研究的发展贡献一份力量。同时作为思政课程适配教材，我们期待学生通过本教材的学习，不仅成为语言交流的桥梁，更成为传播中国声音、讲好中国故事的使者。

  衷心感谢日语界长期以来对于《综合日语》的关注与大力支持！

"综合日语系列教材"编委会
2023年5月20日

《综合日语》编写人员

第一版（第一——四册）
总主编：彭广陆　〔日〕守屋三千代
审　订：孙宗光　〔日〕阪田雪子
编　者：郭胜华　何　琳　冷丽敏　李奇楠　彭广陆　孙佳音
　　　　〔日〕阿部洋子　今井寿枝　押尾和美　国松昭　近藤安月子　姬野伴子
　　　　丸山千歌　守屋三千代　谷部弘子

修订版（第一——四册）
总 主 编：彭广陆　〔日〕守屋三千代
审　　订：孙宗光　〔日〕阪田雪子
副总主编：何　琳　〔日〕近藤安月子　姬野伴子
编　　者：何　琳　冷丽敏　李奇楠　彭广陆　孙佳音　孙建军　王轶群　周　彤
　　　　　〔日〕今井寿枝　岩田一成　小泽伊久美　押尾和美　国松昭　驹泽千鹤
　　　　　近藤安月子　野田理佳　姬野伴子　丸山千歌　守屋三千代　结城圭绘

高年级综合日语（上/下册）
总主编：彭广陆　〔日〕守屋三千代
审　订：孙宗光　〔日〕阪田雪子　远藤织枝
编　者：丁　莉　何　琳　刘　健　彭广陆　秦　刚　孙佳音　王轶群　应　杰
　　　　〔日〕今井寿枝　冈智之　押尾和美　野畑理佳　百留惠美子　百留康晴
　　　　平高史也　守屋三千代

上述教材的编写得到日本国际交流基金会、笹川和平财团笹川日中友好基金会的资助，特此鸣谢。

《综合日语》（第三版）

总 主 编：彭广陆　〔日〕守屋三千代
副总主编：何　琳　冷丽敏　王轶群　秦　刚　丁　莉
　　　　　〔日〕今井寿枝　野畑理佳　冈智之　滨田亮辅
编　　者：丁　莉　何　琳　冷丽敏　刘　健　彭广陆　秦　刚　孙佳音
　　　　　王轶群　杨　峻　应　杰　周　彤
插　　图：高村郁子　押尾和美

《综合日语》（第一册）（第三版）编者

中方（汉语拼音序）
何　琳（首都师范大学）
冷丽敏（北京师范大学）
刘　健（首都师范大学）
彭广陆（北京理工大学）
孙佳音（北京语言大学）
王轶群（中国人民大学）
杨　峻（北京语言大学）
周　彤（北京外国语大学）

日方（五十音序）
浜田亮輔（浙江師範大学）
苞山武義（近畿大学）
守屋三千代（創価大学）
山本美紀（同済大学）

前　言

《综合日语》（第一——四册）是面向中国高等院校日语专业基础阶段核心课程的教材，由中日两国从事日语教学与研究的专家学者全面合作编写。自2004年第一版、2009年修订版问世以来，受到国内外日语界的广泛关注和好评，成为众多高校日语专业的首选教材。

本教材以立德树人教育理念为指引，跟进新时代外语教育教学发展的步伐，不断更新、优化教材编写理念，反映时代的特点。本次修订注重并借鉴了语言学、外语教育学、学习理论、第二语言习得理论等学术研究的前沿性成果，同时，关注外语教材的时效性，以及互联网时代年轻人的认知特点等。期待本教材能够为日语专业培养学生的语言能力、跨文化交际能力，以及正确价值观的引领，提供有效的学习范本与素材。

本次修订工作在减轻学习负担等方面做了"减法"，在此前提下，保留了原教材以下特色：

（1）关注语言的功能和意义；
（2）关注语言情境的真实性；
（3）关注文化因素，讲好中国故事；
（4）通过生动有趣的故事情节、鲜明的人物个性表现语言特点；
（5）关注以汉语为母语的中国日语学习者的学习特点；
（6）关注作为日语学科专业日语学习的特点；
（7）关注学生日语学习的全过程。

《综合日语》（第三版）保持了修订版的主要框架，以课文、解说、练习为主教材的基本结构，以内容、话题、功能等多条主线为编写大纲，为不同教学方法提供优质教学资源，给教师提供较大的发挥空间。

《综合日语》（第三版）修订原则如下：

○课文修订

保留大部分课文，对个别内容时效性较强的课文或段落、语句进行了调整和改动，使之整体更加完善，与时俱进。

前 言

○ 解说修订
精简内容，表述简洁化，形式上突出重点，尽量减轻阅读负担。同时增加反映相关学术领域最新研究成果的内容。

○ 练习修订
精准指向学习重点内容，完善课前、课堂学习活动。

○ 增加配套学习手册
学习手册供学生自主学习使用，由"课前学习""课后学习""自我检测"三个部分组成。

"课前学习"用思维导图等直观、简洁的方式展示各单元重点学习内容，帮助学生通过观察、思考、实践完成语言知识的自主学习，为课堂上更多地开展学习活动、解决问题做好准备，为翻转课堂、混合式教学等教学方式提供有效的支持。

"课后学习"帮助学生梳理各单元重点学习项目，对学习情况进行自我评价。

"自我检测"主要由原练习册的内容组成，帮助学生查漏补缺。

○ 增加配套教学参考用书
教学参考用书对于每一课都有针对性地提出教学目标、重点及难点，对于语法、词汇等做深度解读，并提出了示范教学思路。此外，还配有课文翻译、练习答案等教学资料。

○ 增加配套教学课件
教学课件提供课堂教学基本内容、课堂活动示例等，为教师教学的动态更新、优化教学内容提供有效资源。

○ 充分利用公共网络平台分享优质学习资源
通过公共平台分享大量原创初、中级日语语法教学视频、《综合日语》课文解说，以及反映时代特点的听力、阅读等学习资源，为学生自主学习提供强有力的支援。

《综合日语》（第三版）超越了固定模式，打破了"纸质"的限制，成为动态、多模态的系列教材。

《综合日语》（第三版）更加符合时代发展的需求，满足互联网时代学习者需求，符合新时代学习者的学习特点与学习风格。"动态教材"的模式能够针对学习者的需求做出及时的反应，使本教材成为最贴近学习者的教材。

衷心感谢广大教师与学习者对本教材的厚爱，希望《综合日语》（第三版）能够伴随更多学习者轻松、愉快地学习日语。

《综合日语》（第三版）编者

2022年5月20日

五十音図（平仮名）

清音

撥音	わ行	ら行	や行	ま行	は行	な行	た行	さ行	か行	あ行	
ん n	わ wa	ら ra	や ya	ま ma	は ha	な na	た ta	さ sa	か ka	あ a	あ段
	（ゐ） i	り ri	（い）	み mi	ひ hi	に ni	ち ti	し si	き ki	い i	い段
	（う）	る ru	ゆ yu	む mu	ふ hu	ぬ nu	つ tu	す su	く ku	う u	う段
	（ゑ） e	れ re	（え）	め me	へ he	ね ne	て te	せ se	け ke	え e	え段
	を wo	ろ ro	よ yo	も mo	ほ ho	の no	と to	そ so	こ ko	お o	お段

濁音

ぱ pa	ば ba	だ da	ざ za	が ga
ぴ pi	び bi	ぢ zi	じ zi	ぎ gi
ぷ pu	ぶ bu	づ zu	ず zu	ぐ gu
ぺ pe	べ be	で de	ぜ ze	げ ge
ぽ po	ぼ bo	ど do	ぞ zo	ご go

拗音

りゃ rya	みゃ mya	ひゃ hya	にゃ nya	ちゃ tya	しゃ sya	きゃ kya
りゅ ryu	みゅ myu	ひゅ hyu	にゅ nyu	ちゅ tyu	しゅ syu	きゅ kyu
りょ ryo	みょ myo	ひょ hyo	にょ nyo	ちょ tyo	しょ syo	きょ kyo

ぴゃ pya	びゃ bya	ぢゃ zya	じゃ zya	ぎゃ gya
ぴゅ pyu	びゅ byu	ぢゅ zyu	じゅ zyu	ぎゅ gyu
ぴょ pyo	びょ byo	ぢょ zyo	じょ zyo	ぎょ gyo

五十音図（片仮名）

清音

撥音	ワ行	ラ行	ヤ行	マ行	ハ行	ナ行	タ行	サ行	カ行	ア行	
ン n	ワ wa	ラ ra	ヤ ya	マ ma	ハ ha	ナ na	タ ta	サ sa	カ ka	ア a	ア段
	(ヰ) i	リ ri	(イ) i	ミ mi	ヒ hi	ニ ni	チ ti	シ si	キ ki	イ i	イ段
	(ウ) u	ル ru	ユ yu	ム mu	フ hu	ヌ nu	ツ tu	ス su	ク ku	ウ u	ウ段
	(ヱ) e	レ re	(エ) e	メ me	ヘ he	ネ ne	テ te	セ se	ケ ke	エ e	エ段
	ヲ wo	ロ ro	ヨ yo	モ mo	ホ ho	ノ no	ト to	ソ so	コ ko	オ o	オ段

濁音

パ pa	バ ba	ダ da	ザ za	ガ ga
ピ pi	ビ bi	ヂ zi	ジ zi	ギ gi
プ pu	ブ bu	ヅ zu	ズ zu	グ gu
ペ pe	ベ be	デ de	ゼ ze	ゲ ge
ポ po	ボ bo	ド do	ゾ zo	ゴ go

拗音

リャ rya	ミャ mya	ヒャ hya	ニャ nya	チャ tya	シャ sya	キャ kya
リュ ryu	ミュ myu	ヒュ hyu	ニュ nyu	チュ tyu	シュ syu	キュ kyu
リョ ryo	ミョ myo	ヒョ hyo	ニョ nyo	チョ tyo	ショ syo	キョ kyo

ピャ pya	ビャ bya	ヂャ zya	ジャ zya	ギャ gya
ピュ pyu	ビュ byu	ヂュ zyu	ジュ zyu	ギュ gyu
ピョ pyo	ビョ byo	ヂョ zyo	ジョ zyo	ギョ gyo

主要出场人物

王　宇翔（おう　うしょう）
学　校：京华大学外语系日语专业 2 年级
出生地：长春（中国）
爱　好：烹饪、运动、旅游
性　格：善良、认真
志　向：立志从事国际文化交流方面的工作
家　庭：父亲（公司白领）、母亲（医生）

高橋　美穂（たかはし　みほ）
学　校：京华大学语言留学生
出生地：东京（日本）
爱　好：戏剧、电影、音乐
性　格：热情、开朗
志　向：希望考入艺术系戏剧专业，学习中国戏剧
家　庭：父亲（公司职员）、母亲（教师）、祖母、姐姐（护士）、弟弟（高中生）

李　東（り　とう）
学　校：京华大学电子工程系 2 年级，辅修日语
出生地：上海（中国）
爱　好：音乐、动漫、旅游
性　格：心直口快、滑稽幽默
志　向：立志开发最酷的游戏软件

鈴木　真一（すずき　しんいち）
学　校：京华大学历史系中国史专业 2 年级，高桥高中时代的学长
出生地：北海道（日本）
爱　好：旅游、读书
性　格：大大咧咧、冒失

趙　媛媛（ちょう　えんえん）
学　校：京华大学外语系日语专业 2 年级
出生地：厦门（中国）
爱　好：读书、烹饪
性　格：善良、文静

山田　香織（やまだ　かおり）
学　校：京华大学经济系中国经济专业 4 年级，遣唐使会会长
出生地：熊本（日本）
性　格：成熟、稳重
志　向：希望将来从事中日经济贸易方面的工作

渡辺　美咲（わたなべ　みさき）
学　校：京华大学语言留学生，高桥的同班同学、室友
出生地：名古屋（日本）
爱　好：音乐、文学、旅游
性　格：机灵、情绪化

目 次

第1課　音声·· 1
  ユニット1　五十音図·· 2
  ユニット2　特殊発音·· 9

第2課　新生活·· 20
  ユニット1　はじめまして·· 21
  ユニット2　家族の写真·· 30
  ユニット3　京華大学へようこそ·· 41

第3課　キャンパス・スケジュール·· 46
  ユニット1　キャンパス·· 47
  ユニット2　スケジュール·· 54
  ユニット3　サークル情報·· 63

第4課　日本語の勉強·· 69
  ユニット1　日本語学習·· 70
  ユニット2　相互学習·· 80
  ユニット3　高橋さんの日記·· 93

第5課　高橋さんの留学生活·· 99
  ユニット1　スマートフォン··· 100
  ユニット2　カフェ··· 108
  ユニット3　アンケート··· 116

第6課　スピーチコンテスト応援··· 122
  ユニット1　スピーチコンテスト··· 123
  ユニット2　大学祭··· 134
  ユニット3　私の留学日記··· 139

第7課　案内··· 148
  ユニット1　北京案内··· 149

目　次

  ユニット2　本場の中華料理 …………………………………………… 159
  ユニット3　万里の長城 ………………………………………………… 170

第8課　学生生活 …………………………………………………………… 174
  ユニット1　宿題 ………………………………………………………… 175
  ユニット2　オンライン決済 …………………………………………… 185
  ユニット3　報告書 ……………………………………………………… 192

第9課　買い物 ……………………………………………………………… 198
  ユニット1　ショッピングモールで …………………………………… 199
  ユニット2　家電量販店で ……………………………………………… 213
  ユニット3　電子辞書の取り扱い説明書 ……………………………… 223

第10課　ルールとマナー ………………………………………………… 227
  ユニット1　寮のルール1 ……………………………………………… 228
  ユニット2　寮のルール2 ……………………………………………… 235
  ユニット3　食事のマナー日中比較 …………………………………… 244

第11課　京劇と歌舞伎 …………………………………………………… 249
  ユニット1　誘いの電話 ………………………………………………… 250
  ユニット2　高橋さんの夢 ……………………………………………… 259
  ユニット3　日本の伝統芸能：歌舞伎 ………………………………… 271

第12課　年末 ……………………………………………………………… 278
  ユニット1　忘年会の相談 ……………………………………………… 279
  ユニット2　忘年会 ……………………………………………………… 289
  ユニット3　日本語学習の振り返り …………………………………… 298

縮略語、符号一覧表 ………………………………………………………… 302
索引　解説・音声 …………………………………………………………… 303
索引　解説・語彙 …………………………………………………………… 304
索引　解説・文法 …………………………………………………………… 305
索引　解説・表現 …………………………………………………………… 308
索引　コラム ………………………………………………………………… 309
后　记 ………………………………………………………………………… 310
参考書目 ……………………………………………………………………… 312

第1課　音　声

学习目标

1. 能够认读、书写日语五十音图。

2. 能够认读、拼写日语特殊音节。

3. 能够认读日语单词。

学习要点

① 五十音图　　② 浊音和半浊音
③ 拨音　　　　④ 长音
⑤ 促音　　　　⑥ 拗音

第1課　音声

ユニット1

五十音図

　　将假名按照发音规律列成的表称为"五十音图"。日语有「あいうえお」5个元音，在五十音图中，元音不同辅音相同的称为"行"，例如「あいうえお（a i u e o）」称为「あ行」，「かきくけこ（ka ki ku ke ko）」称为「か行」；元音相同辅音不同的称为"段"，例如「あかさたなはまやらわ（a ka sa ta na ha ma ya ra wa）」称为「あ段」，以此类推。我们首先学习五十音图中的假名。

あ行

平假名：	あ	い	う	え	お
片假名：	ア	イ	ウ	エ	オ
罗马字：	a	i	u	e	o

例词

愛（あい）①	絵（え）①	上（うえ）②	甥（おい）⓪
家（いえ）②	言う（いう）⓪	青い（あおい）②	エア ①

か行

平假名：	か	き	く	け	こ
片假名：	カ	キ	ク	ケ	コ
罗马字：	ka	ki	ku	ke	ko

例词

顔（かお）⓪	聞く（きく）⓪	声（こえ）①	赤い（あかい）⓪②
柿（かき）⓪	過去（かこ）①	池（いけ）②	ココア ①

さ行

平假名：	さ	し	す	せ	そ
片假名：	サ	シ	ス	セ	ソ
罗马字：	sa	si (shi)	su	se	so

例词

朝（あさ）①　　　塩（しお）②　　　世界（せかい）①
国籍（こくせき）⓪　嘘（うそ）①　　　酒（さけ）⓪
お寿司（おすし）②　少し（すこし）②　椅子（いす）⓪

た行

平假名：	た	ち	つ	て	と
片假名：	タ	チ	ツ	テ	ト
罗马字：	ta	ti (chi)	tu (tsu)	te	to

例词

高い（たかい）②　　　男（おとこ）③　　　　いくつ①
得意（とくい）②⓪　　明日（あした）⓪③　　机（つくえ）⓪
テスト①　　　　　　　地下鉄（ちかてつ）⓪　遅刻（ちこく）⓪

な行

平假名：	な	に	ぬ	ね	の
片假名：	ナ	ニ	ヌ	ネ	ノ
罗马字：	na	ni	nu	ne	no

例词

夏（なつ）②　　　　　何（なに）①　　　犬（いぬ）②⓪
一日（いちにち）④⓪　布（ぬの）⓪　　　猫（ねこ）①
お金（おかね）⓪　　　命（いのち）①　　ネクタイ①

第1課　音声

は行

平假名：	は	ひ	ふ	へ	ほ
片假名：	ハ	ヒ	フ	ヘ	ホ
罗马字：	ha	hi	hu (fu)	he	ho

例词

母（はは）①	下手（へた）②	人（ひと）⓪
財布（さいふ）⓪	星（ほし）⓪	服（ふく）②
ヘア①	初恋（はつこい）⓪	細い（ほそい）②

ま行

平假名：	ま	み	む	め	も
片假名：	マ	ミ	ム	メ	モ
罗马字：	ma	mi	mu	me	mo

例词

名前（なまえ）⓪	店（みせ）②	刺身（さしみ）③
寒い（さむい）②	雨（あめ）①	桃（もも）⓪
昔（むかし）⓪	メモ①	スマホ⓪

や行

平假名：	や	（い）	ゆ	（え）	よ
片假名：	ヤ	（イ）	ユ	（エ）	ヨ
罗马字：	ya		yu		yo

例词

野菜（やさい）⓪	速い（はやい）②	部屋（へや）②
雪（ゆき）②	冬（ふゆ）②	横（よこ）⓪
強い（つよい）②	夢（ゆめ）②	

ら行

平假名：	ら	り	る	れ	ろ
片假名：	ラ	リ	ル	レ	ロ
罗马字：	ra	ri	ru	re	ro

例词

六（ろく）② 　　　桜（さくら）⓪ 　　　辛い（からい）②
薬（くすり）⓪ 　　　夜（よる）① 　　　歴史（れきし）⓪
明るい（あかるい）⓪③ 　　　トイレ① 　　　お帰り（おかえり）⓪

わ行

平假名：	わ	（い）	（う）	（え）	を
		（ゐ）		（ゑ）	
片假名：	ワ	（イ）	（ウ）	（エ）	ヲ
		（ヰ）		（ヱ）	
罗马字：	wa	(i)	(u)	(e)	o
		(wi)		(we)	(wo)

例词

私（わたし）⓪ 　　　若い（わかい）② 　　　幸せ（しあわせ）⓪
川（かわ）② 　　　会話（かいわ）⓪ 　　　柔らかい（やわらかい）④

声调（アクセント）

　　日语的单词是有声调的，声调有"划分词与词的界限"和"区分词义"两个功能。汉语的声调，即"四声"，体现在一个音节内部；日语的声调体现在音节与音节之间，即某一音节的高低只有在同相邻音节的比较中才能体现出来。在日语的单词中，第一个音节与第二个音节的音高总是不同的，如果第一个音节高读，第二个音节就一定低读；反之，第一个音节低读，第二个音节就一定高读。此外，在一个单词

第1课　音声

中，音高一旦降下来就不会再升上去，形象地说，在一个单词内只会出现一个音高的"峰"。以上是日语声调的两大特点。标记单词声调的方法通常有"数字式""划线式"和"黑体式"。"数字式"中的数字表示高读的最后一个音节（即声调核）的位置；"划线式"和"黑体式"分别用上划线和黑体字标出高读的全部音节。本书在语音讲解部分采用黑体式及数字式。

数字式	划线式	黑体式	音高
あいうえお⓪	あいうえお	あいうえお	いうえお あ
あいうえお①	あいうえお	あいうえお	あ 　いうえお
あいうえお②	あいうえお	あいうえお	い あ　うえお
あいうえお③	あいうえお	あいうえお	いう あ　　えお
あいうえお④	あいうえお	あいうえお	いうえ あ　　　お
あいうえお⑤	あいうえお	あいうえお	いうえお あ

此外还有"负数式"，"负数式"中的数字表示从后往前数时高读的最后一个音节的位置。例如：

> あいうえお ⓪＝あいうえお ⓪
> あいうえお ①＝あいうえお －5
> あいうえお ②＝あいうえお －4
> あいうえお ③＝あいうえお －3
> あいうえお ④＝あいうえお －2
> あいうえお ⑤＝あいうえお －1

在上图中，⓪型和⑤型的区别是，当该单词后接助词时，⓪型是助词高读，⑤型则助词低读。例如：

```
                              いうえおが
あいうえお ⓪： あいうえお＋が → あ

                              いうえお
あいうえお ⑤： あいうえお＋が →   あ        が
```

⓪型以外的单词后接助词时，助词一律低读。

通常，⓪型称为"平板型"，①型称为"头高型"，类似②③④型的称为"中高型"，类似⑤型的称为"尾高型"；"头高型""中高型"和"尾高型"统称"起伏型"，以区别于"平板型"。

練 習

1. 学习以下交际用语

> (1) おはようございます／Ohayougozaimasu（早上好）
> (2) ありがとうございます／arigatougozaimasu（谢谢）
> (3) すみません／sumimasen（对不起）
> (4) こんにちは／konnitiwa（你好）
> (5) わかりました／wakarimasita（好的；我知道了）
> (6) おやすみなさい／oyasuminasai（晚安）

2. 学数字，试着说一说你的电话号码

一（いち）⓪②	二（に）①
三（さん）⓪	四（し・よん）①・①
五（ご）①	六（ろく）②
七（しち・なな）②・①	八（はち）⓪
九（く・きゅうkyuu）①・①	十（じゅうjyuu）①

第1課　音声

3. 你知道以下日本名人吗？你已经能够用日语说他们的姓名了

夏目漱石（なつめ　そうせき）⓪－①
川端康成（かわばた　やすなり）⓪－②
村上春樹（むらかみ　はるき）⓪－①
福沢諭吉（ふくざわ　ゆきち）⓪－⓪
宮崎駿（みやざき　はやお）②－⓪
黒澤明（くろさわ　あきら）⓪－①
北野武（きたの　たけし）⓪－①
嵐（あらし）①

4. 朗读下列单词，观察、体会它们的不同

(1) 朝（あさ）①　　(2) 鮭（さけ）①
　　麻（あさ）②　　　　酒（さけ）⓪
(3) 席（せき）①　　(4) 箸（はし）①
　　咳（せき）②　　　　橋（はし）②

ユニット 2

特殊発音

濁音（濁音）和半濁音（半濁音）

在五十音图中的「か行」「さ行」「た行」和「は行」假名的右上方加上浊音点「゛」表示浊音，在「は行」假名的右上方加上半浊音点「゜」表示半浊音，与此相对，我们把「か行」「さ行」「た行」和「は行」假名称为"清音"。

浊音的发音要领是：唇形和舌位与相对应的清音相同，只是清音（指该音节的辅音）在发音时声带不振动，而浊音（指该音节的辅音）在发音时声带振动。半浊音「ぱ行」假名的辅音是清辅音，发音时声带也不振动。

が行

平假名：	が	ぎ	ぐ	げ	ご
片假名：	ガ	ギ	グ	ゲ	ゴ
罗马字：	ga	gi	gu	ge	go

例词

会議（かいぎ）①	外国語（がいこくご）⓪	入口（いりぐち）⓪
午後（ごご）①	お土産（おみやげ）⓪	すごい ②
義務（ぎむ）①	具体的（ぐたいてき）⓪	仕事（しごと）⓪

ざ行

平假名：	ざ	じ	ず	ぜ	ぞ
片假名：	ザ	ジ	ズ	ゼ	ゾ
罗马字：	za	zi	zu	ze	zo
		(ji)			

例词

家族（かぞく）①	風（かぜ）⓪	静か（しずか）①
地図（ちず）①	味（あじ）⓪	数（かず）①
是非（ぜひ）①	複雑（ふくざつ）⓪	それぞれ②③

第1課　音声

だ行

平假名：	だ	ぢ	づ	で	ど
片假名：	ダ	ヂ	ヅ	デ	ド
罗马字：	da	zi (ji)	zu	de	do

例词

大学（だいがく）⓪　　友だち（ともだち）⓪　　手続き（てつづき）②
身近（みぢか）⓪　　　子ども（こども）⓪　　　出会い（であい）⓪

ば行

平假名：	ば	び	ぶ	べ	ぼ
片假名：	バ	ビ	ブ	ベ	ボ
罗马字：	ba	bi	bu	be	bo

ぱ行

平假名：	ぱ	ぴ	ぷ	ぺ	ぽ
片假名：	パ	ピ	プ	ペ	ポ
罗马字：	pa	pi	pu	pe	po

例词

言葉（ことば）③　　　わさび①　　　バナナ①　　　ビデオ①
歌舞伎（かぶき）⓪　　ぼく①　　　　蕎麦（そば）①　ベスト①
プラス①⓪　　　　　　パス①　　　　ピザ①　　　　ペア①

ユニット2　特殊発音

拨音（撥音）
はつ おん

平假名：ん

片假名：ン

罗马字：n, m

　　拨音是日语中的一个特殊音节，发音时占一拍的时长，在罗马字中，通常用"n"来表示，例如，「きんべん（kinben）」。拨音在发音时受其前后语音环境的影响较大，但都具有通过鼻腔进行共鸣这一特征，在练习发音时要注意多模仿。

　　下面分几种情况具体谈一下拨音的发音。

1. 拨音出现在词尾时，它的发音根据前面元音的不同而略有不同。

例词

日本（にほん）②	自信（じしん）⓪
花粉（かふん）⓪	たいへん⓪

2. 拨音出现在辅音[m][b][p]之前时，被同化为[m]，这时口腔通道是关闭的。

例词

任務（にんむ）①	頑張る（がんばる）③
心配（しんぱい）⓪	サンプル①

3. 拨音出现在辅音[n][d][t]之前时，被同化为[n]，这时口腔通道是关闭的。

例词

女（おんな）③	新年（しんねん）①
問題（もんだい）⓪	アンテナ⓪

4. 拨音出现在辅音[k][g][ŋ]之前时，被同化为[ŋ]，这时口腔通道是关闭的。

例词

暗記（あんき）⓪	インク⓪①
マンガ⓪	単語（たんご）⓪

第1課　音声

5. 拨音出现在摩擦辅音或元音、半元音之前时，被同化成发音部位接近该音的鼻化元音，这时口腔通道不是完全关闭的，而是留有一条窄缝，气流自鼻腔和口腔同时呼出。

例词

電圧（でんあつ）⓪	単位（たんい）①
今夜（こんや）①	センス①
電話（でんわ）⓪	

长音（長音ちょうおん）

将假名的发音时间延长一倍即形成长音。在用片假名书写的单词中，长音用"ー"来表示，例如「セーター」。在用平假名书写的单词中，「あ段」假名的长音用「あ」表示，例如「おかあさん」；「い段」和「え段」假名的长音用「い」表示，例如「うつくしい」「せいかつ」；「う段」和「お段」假名的长音用「う」表示，例如「くうき」「ほうりつ」。有时，「え段」假名和「お段」假名的长音也分别用「え」和「お」来表示，例如「おねえさん」「おおい」。用罗马字书写时，长音一般用"‐""＾"":"或双写元音字母等方式来表示，例如：「ノート（nōto，nôto，no:to，nooto）」。

例词

おばあさん②	計画（けいかく）⓪
丁寧（ていねい）①	空港（くうこう）⓪
運命（うんめい）①	相撲（すもう）⓪
放送（ほうそう）⓪	遠い（とおい）⓪
大きい（おおきい）③	ケーキ①
マナー①	コーヒー③
ルール①	スタート②

促音（促音そくおん）

促音也是日语中的一个特殊音节，它一般不发音却占一拍的时长。促音由小字体的「っ」或「ッ」来表示，例如「こっそり」「ベッド」；在罗马字中，以双写位于促音之后的辅音字母来表示，例如"kossori""beddo"。

促音的发音要领是：发完促音之前的音节后，唇形和舌位立即做好发下一个音节（位于促音之后的音节）的准备，在停顿一拍之后，发出该音节。需要注意的是，在停顿一拍的过程中，口腔始终是紧张的，唇形、舌位同发下一个音节（的辅音）时完全相同且保持不变，中途不能松弛下来。

例词

学校（がっこう）⓪	雑誌（ざっし）⓪	実践（じっせん）⓪
さっそく ⓪	物価（ぶっか）⓪	ぴったり ③
りっぱ ⓪	キッズ ①	コップ ⓪

拗音（ようおん）

在日语中由"辅音+半元音+元音"构成的音节称为"拗音"。拗音的书写方式是：在「い段」假名（「い」除外）的右下角加上小字体的「ゃ」「ゅ」「ょ」中的一个，例如「きゃ」「しゅ」「ひょ」。与拗音相对，五十音图中的音节称为"直音"。从书写形式上看，拗音虽由两个假名构成，但在发音时只占一拍的时长。拗音也有清音与浊音之分。将拗音的音长延长一拍即为拗长音。

在练习拗音的发音时，辅音要发得短而轻，元音要发得清晰到位，从辅音到元音的过渡要迅速自然，中间不可加入过渡音。

平假名：	きゃ	きゅ	きょ
片假名：	キャ	キュ	キョ
罗马字：	kya	kyu	kyo

平假名：	ぎゃ	ぎゅ	ぎょ
片假名：	ギャ	ギュ	ギョ
罗马字：	gya	gyu	gyo

例词

地球（ちきゅう）⓪	距離（きょり）①
牛肉（ぎゅうにく）⓪	東京（とうきょう）⓪
客（きゃく）⓪	キャベツ ①
残業（ざんぎょう）⓪	ギャップ ⓪①

第1課　音声

平假名：	しゃ	しゅ	しょ
片假名：	シャ	シュ	ショ
罗马字：	sya	syu	syo
	(sha)	(shu)	(sho)

平假名：	じゃ	じゅ	じょ
片假名：	ジャ	ジュ	ジョ
罗马字：	zya	zyu	zyo
	(ja)	(ju)	(jo)

平假名：	ちゃ	ちゅ	ちょ
片假名：	チャ	チュ	チョ
罗马字：	tya	tyu	tyo
	(cha)	(chu)	(cho)

平假名：	ぢゃ	ぢゅ	ぢょ
片假名：	ヂャ	ヂュ	ヂョ
罗马字：	zya	zyu	zyo
	(ja)	(ju)	(jo)

例词

中国（ちゅうごく）①
練習（れんしゅう）⓪
図書館（としょかん）②
授業（じゅぎょう）①
女性（じょせい）⓪
到着（とうちゃく）⓪
写真（しゃしん）⓪

電車（でんしゃ）⓪①
食事（しょくじ）⓪
邪魔（じゃま）⓪
住所（じゅうしょ）①
条件（じょうけん）③⓪
お茶（おちゃ）⓪
チャンス　①

平假名：	にゃ	にゅ	にょ
片假名：	ニャ	ニュ	ニョ
罗马字：	nya	nyu	nyo

ユニット2　特殊発音

平假名：	ひゃ	ひゅ	ひょ
片假名：	ヒャ	ヒュ	ヒョ
罗马字：	hya	hyu	hyo

平假名：	びゃ	びゅ	びょ
片假名：	ビャ	ビュ	ビョ
罗马字：	bya	byu	byo

平假名：	ぴゃ	ぴゅ	ぴょ
片假名：	ピャ	ピュ	ピョ
罗马字：	pya	pyu	pyo

例词

こんにゃく④　　　　　　　　牛乳（ぎゅうにゅう）⓪
病気（びょうき）⓪　　　　　女房（にょうぼう）①
百貨店（ひゃっかてん）③　　代表（だいひょう）⓪
百（ひゃく）②　　　　　　　三百（さんびゃく）①
六百（ろっぴゃく）④　　　　伝票（でんぴょう）⓪
ぴょんぴょん①　　　　　　　コンピューター③
インタビュー①　　　　　　　ピュア①
ニュース①　　　　　　　　　デビュー①

平假名：	みゃ	みゅ	みょ
片假名：	ミャ	ミュ	ミョ
罗马字：	mya	myu	myo

平假名：	りゃ	りゅ	りょ
片假名：	リャ	リュ	リョ
罗马字：	rya	ryu	ryo

例词

人脈（じんみゃく）⓪　　微妙（びみょう）⓪　　ミュージカル①
留学（りゅうがく）⓪　　省略（しょうりゃく）⓪　　料理（りょうり）①

第1課　音声

假名的书写

下面表格中的数字表示书写假名的笔顺，假名的书写同中国的汉字一样遵循"从上到下""从左到右"的规则。

罗马字（ローマ字）标记法

　　罗马字是书写日语时使用的文字之一，通常用来标记日语的读音，其功能类似汉语中的拼音。罗马字一般用于名片、商标、路标、站牌等。罗马字有"黑本式（「ヘボン式」）""训令式（「訓令式」）"和"日本式（「日本式」）"三种形式，其中"黑本式"较为常用。这三种形式在标记假名的读音时略有差异，下表列出了三者的主要不同之处。本教材中采用的是训令式，当黑本式与训令式不同时，在括弧中注出前者。

	ヘボン式	訓令式	日本式
し	shi	si	si
しゃ	sha	sya	sya
しゅ	shu	syu	syu
しょ	sho	syo	syo
じ	ji	zi	zi
じゃ	ja	zya	zya
じゅ	ju	zyu	zyu
じょ	jo	zyo	zyo
ち	chi	ti	ti
つ	tsu	tu	tu
ちゃ	cha	tya	tya
ちゅ	chu	tyu	tyu
ちょ	cho	tyo	tyo
ぢ	ji	zi	di
づ	zu	zu	du
ぢゃ	ja	zya	dya
ぢゅ	ju	zyu	dyu
ぢょ	jo	zyo	dyo
ふ	fu	hu	hu
を	o	o	wo

第1課　音声

練　習

1. 学习星期的说法

げつようび（月曜日）③	（星期一）
かようび（火曜日）②	（星期二）
すいようび（水曜日）③	（星期三）
もくようび（木曜日）③	（星期四）
きんようび（金曜日）③	（星期五）
どようび（土曜日）②	（星期六）
にちようび（日曜日）③	（星期日）

2. 以下是新百家姓的日语读音，以下所有姓氏声调都是①调

王（おう）	李（り）	張（ちょう）	劉（りゅう）	陳（ちん）
楊（よう）	黄（こう）	趙（ちょう）	呉（ご）	周（しゅう）
徐（じょ）	孫（そん）	馬（ま／ば）	朱（しゅ）	胡（こ）
郭（かく）	何（か）	高（こう）	林（りん）	羅（ら）
鄭（てい）	梁（りょう）	謝（しゃ）	宋（そう）	唐（とう）
許（きょ）	韓（かん）	馮（ふう）	鄧（とう）	曹（そう）
彭（ほう）	曾（そう）	肖（しょう）	田（でん）	董（とう）
袁（えん）	潘（はん）	于（う）	蒋（しょう）	蔡（さい）
余（よ）	杜（と）	葉（よう）	程（てい）	蘇（そ）
魏（ぎ）	呂（ろ／りょ）	丁（てい）	任（にん）	沈（しん）
姚（よう）	芦（ろ）	姜（きょう）	崔（さい）	鐘（しょう）
譚（たん）	陸（りく）	汪（おう）	範（はん）	金（きん）
石（せき）	廖（りょう）	賈（か）	夏（か）	韋（い）
付（ふ）	方（ほう）	白（はく）	鄒（すう）	孟（もう）
熊（ゆう）	秦（しん）	邱（きゅう）	江（こう）	尹（いん）
薛（せつ）	閻（えん）	段（だん）	雷（らい）	侯（こう）
龍（りゅう）	史（し）	陶（とう）	黎（れい）	賀（が）
顧（こ）	毛（もう）	郝（かく）	龔（きょう）	邵（しょう）
万（まん）	銭（せん）	厳（げん）	覃（えん）	武（ぶ）
戴（たい）	莫（ばく）	孔（こう）	向（こう）	湯（とう）

3. 练习中国省、市、自治区的读法，记住你自己家乡的说法吧

北京市（ぺきんし）②	天津市（てんしんし）③
上海市（しゃんはいし）③	重慶市（じゅうけいし）③
黒龍江省（こくりゅうこうしょう）⑤	吉林省（きつりんしょう）③
遼寧省（りょうねいしょう）③	河北省（かほくしょう）②
河南省（かなんしょう）②	山東省（さんとうしょう）③
山西省（さんせいしょう）③	湖南省（こなんしょう）③
湖北省（こほくしょう）③	江蘇省（こうそしょう）③
安徽省（あんきしょう）③	浙江省（せっこうしょう）③
福建省（ふっけんしょう）③	江西省（こうせいしょう）③
広東省（かんとんしょう）③	海南省（かいなんしょう）③
貴州省（きしゅうしょう）②	雲南省（うんなんしょう）③
四川省（しせんしょう）②	陝西省（せんせいしょう）③
青海省（せいかいしょう）③	甘粛省（かんしゅくしょう）⑤
台湾省（たいわんしょう）③	

内蒙古自治区（うちもうこじちく）⑦／（うちもんごるじちく）⑧
新疆ウイグル自治区（しんきょう ういぐるじちく）①－⑥
寧夏回族自治区（ねいか かいぞくじちく）⓪－⑥
広西チワン族自治区（こうせい ちわんぞくじちく）⓪－⑦
チベット自治区（ちべっとじちく）⑥
香港特別行政区（ほんこん とくべつぎょうせいく）①－⑦
マカオ特別行政区（まかお とくべつぎょうせいく）①－⑦

第2課　新生活

学习目标

能够用日语简单介绍自己和家人、朋友、学校。

语法学习要点

ユニット1
① N₁はN₂です〈名词谓语句〉
③ の〈领属〉
⑤ N₁で、N₂です〈句子间中顿〉
② Sか〈疑问〉
④ Sね〈确认〉

ユニット2
① 疑问词
③ この、その、あの、どの〈指示〉
② と〈并列〉

ユニット3
① の〈同位〉

ユニット1

はじめまして

（清晨7：50。高桥美穗疾步走在校园里。她约好与铃木真一见面，眼看就要迟到了，不巧差一点撞上骑自行车的王宇翔）

王　：啊—！（眼看就要撞上了，他一个急刹车停下来，赶紧道歉）对不起！
高橋：すみません！
王　：（听了她的话）あ、日本の方ですか。（又看了看高桥，简直呆住了）こちらこそ、すみません。
高橋：ああ、日本語学科の方ですか。
王　：ええ、そうです。
高橋：（嫣然一笑）じゃあ、また。
（王呆呆地目送高桥远去）

（次日，在校园内，铃木和高桥遇上了王）

鈴木：王さん、おはよう。
王　：あ、鈴木さん、おはよう。
鈴木：こちらは高橋美穂さんです。
王　：（惊讶地）あ、昨日の方ですね。
高橋：昨日はどうもすみませんでした。
鈴木：あれ？ 知り合いですか。
王　：ええ、ちょっと。
鈴木：高橋さんは高校の後輩で、今、京華大学の語学留学生です。
高橋：はじめまして。あ、「はじめまして」じゃありませんね。高橋美穂です。どうぞよろしく。
王　：王宇翔です。どうぞよろしく。

（王小声问铃木，不让高桥听见）

王　：高橋さんは鈴木さんの彼女ですか。
鈴木：ええ、まあ……。

解説・音声

1. 陈述句的语调

陈述句一般读降调，例如：
(1) こちらは高橋美穂さんです。↘
(2) 昨日はどうもすみませんでした。↘

2. 疑问句的语调

A. 疑问句一般读升调，例如：
(1) あ、日本の方ですか。↗
(2) 京華大学の語学留学生ですか。↗

B. 疑问句表示确认时，不读升调，读降调。
(1) 王　：あ、日本の方ですか。こちらこそ、すみません。
　　高橋：ああ、日本語学科の方ですか。↘

3. 感叹句的语调

感叹句的语调视具体语境而定。
A. 一般寒暄语读降调。
(1) こちらこそ、すみません。↘
(2) はじめまして。↘

B. 表示惊奇时读升调。
(1) あれ？↗　知り合いですか。
(2) ええ？↗　あ、そうですか。

4. 「日本の方／昨日の方」的声调

「日本」和「昨日」的声调本为②型，加上「の」修饰名词时，声调变为平板型，即⓪型。

にほん→にほんの→にほんのかた
きのう→きのうの→きのうのかた

解説・語彙

1. ～さん

接在人名或指人名词后面，表示尊敬，对熟悉或不太熟悉的人均可使用，例如对同学、同事、朋友或初次见面的人均可称其为「～さん」。本课高桥和王宇翔之间可以互相称为「王さん」和「高橋さん」。口语中称呼关系亲近的人时可以在名字后面加「ちゃん」，例如，「美穂ちゃん」。

2. はい、ええ、いいえ

「はい」「ええ」都用于表示认同对方询问的内容。「はい」的语气比「ええ」显得郑重。在名词谓语句中，二者通常与「そうです」连用，表示同意、认同。相当于汉语的"是的；对"等。对问话的内容不同意、不认同时，使用「いいえ」表示否定。

解説・文法

1. N_1はN_2です〈名词谓语句〉

意义：名词N_2说明主语N_1所指的内容。

译文：N_1是N_2

说明：助词「は」提示主语或话题，读作"wa"。

「です」是判断词，前接名词构成名词谓语句。

「です」的否定形式是「ではありません／じゃありません」，「じゃありません」只用于口语。

> (1) こちらは高橋美穂さんです。
> (2) 王さんは日本語科の方です。
> (3) 王さんは高橋さんの知り合いではありません。
> (4) 鈴木さんは語学留学生じゃありません。

2. Sか〈疑问〉

意义：表示疑问或确认。

译文：……吗？

接续：助词「か」用于句尾

说明：「か」接在陈述句的句尾构成疑问句。

> （1）あ、日本の方ですか。
> （2）王さんは日本語学科の方ですか。
> （3）高橋さんは王さんの知り合いですか。
> （4）ああ、日本語学科の方ですか。

☞ 表达疑问时，句子读升调，如（1）—（3）；表达确认时，句子读降调，如（4）。

☞ 书写时，疑问句的「か」后面一般不使用问号，而使用句号。

3. の〈领属〉

意义：助词「の」用于两个名词之间，前面的名词修饰后面的名词，表示领属关系、属性等。

译文：N_1 的 N_2（有时不译出）

接续：名词＋の＋名词

> （1）あ、日本の方ですか。
> （2）鈴木さんは京華大学の学生です。
> （3）高橋さんは鈴木さんの彼女ではありません。

4. Sね〈确认〉

意义：用于向对方确认自己说话的内容或征得对方的同意。

译文：……吧

接续：助词「ね」用于句尾

> （1）あ、きのうの方ですね。
> （2）「はじめまして」じゃありませんね。
> （3）あの方は王さんですね。
> （4）高橋さんは鈴木さんの後輩ですね。

5. N₁で、N₂です〈句子间中顿〉

意义：表示句子间的中顿。

译文：……是N₁，是N₂

说明：「で」是「です」的连用形，用于将两个名词谓语句连接起来。当两个句子主语相同时，第二句的主语一般省略。

> (1) 高橋さんは高校の後輩で、今、京華大学の語学留学生です。
> (2) こちらは日本語学科の方で、王宇翔さんです。
> (3) 王さんは日本語科の学生(がくせい)で、二年生(にねんせい)です。

解説・表現

1. すみません

功能：用于表示道歉、感谢、请求等。

译文：对不起；不好意思；谢谢

2. こちらこそ

功能：用于回应对方的感谢、道歉等，表示自己更应该感谢、道歉。

译文：我才应该（谢谢您、请您关照、向您道歉）

说明：用于关系较亲近的人，一般不对长辈或上级使用。后面表示感谢等的语句可以省略。

3. じゃあ、また

功能：用于与比较亲近的人道别。

译文：回头见；再见

4. おはよう

功能：早晨或上午第一次见面时的寒暄。

译文：早晨好；你好

说明：对比较亲近的人或在比较轻松的场合可使用「おはよう」，对年龄、地位高于自己的人，或者在比较郑重的场合要说「おはようございます」。

5. こちらは高橋美穂さんです

功能：用于介绍第三方。

译文：这位是高桥美穗

说明：「こちら」是用于指称人的一种礼貌的说法，"这位"的意思。

6. 昨日はどうもすみませんでした

功能：用于再次见面时对上次发生的事情（失礼等）致歉。

译文：昨天真是抱歉

说明：这是典型的日本式谈话习惯。

7. ええ、ちょっと

功能：用于不便明确答复时。

译文：嗯……

说明：表示不愿意直接说出实情，含糊其辞，避免过于直白。

8. はじめまして

功能：初次见面的寒暄。

译文：初次见面，（请多关照）；你好

9. どうぞよろしく

功能：用于请求对方予以关照。

说明：对年龄或地位与自己相仿的人，或者在比较轻松的场合用「どうぞよろしく」，对年长者或在郑重的场合使用时一般说「どうぞよろしくおねがいします／おねがいいたします」。

10. ええ、まあ

功能：用于不便明确答复时，这是一种含糊其辞、模棱两可的表达方式。

译文：嗯……

说明：高桥不是铃木的女朋友，但铃木不愿明确承认这个事实，因此，用「ええ、まあ」来敷衍。

ユニット1　はじめまして

練　習

A　课文理解练习

请在符合课文内容的（　）中画〇，不符合的画×。

(1) （　）高橋さんは高校生です。
(2) （　）王さんは日本語学科の学生です。
(3) （　）高橋さんは王さんの彼女です。
(4) （　）鈴木さんは高橋さんの後輩です。

B　基础练习

仿照例句，完成句子。

1. 例　高橋さん／語学留学生　→　高橋さんは語学留学生です。

   (1) 王さん／学生　　　　(2) 趙さん／会社員
   (3) 鈴木さん／留学生　　(4) 私／大学生

2. 例　張さん／1年生　→　張さんは1年生では（じゃ）ありません。

   (1) 王さん／1年生　　　(2) 鈴木さん／会社員
   (3) 高橋さん／学部生　　(4) 私／2年生

3. 例　キムさん／留学生／韓国の方
   　　→　キムさんは留学生で、韓国の方です。

   (1) 鈴木さん／歴史学部の1年生／日本の方です
   (2) 高橋さん／鈴木さんの高校の後輩／語学留学生
   (3) キムさん／私たちの友達／留学生
   (4) 私／大学生／日本語学科の1年生

4. 例1　鈴木さん／２年生／（○）

　→Ａ：鈴木さんは２年生ですか。
　　　Ｂ：はい（ええ）、そうです。

　例2　キムさん／日本語学科の学生／（×）・語学留学生

　→Ａ：キムさんは日本語学科の学生ですか。
　　　Ｂ：いいえ、日本語学科の学生では（じゃ）ありません。語学留学生です。

> (1)　トムさん／語学留学生／（○）
> (2)　王さん／日本語学科の学生／（○）
> (3)　高橋さん／鈴木さんの彼女／（×）・鈴木さんの後輩
> (4)　李さん／大学生／（×）・高校生

C　会话练习

请和你的同伴想象一个具体场景，仿照例子练习对话。

1. 初次见面

　　Ａ：はじめまして、＿＿＿＿です。どうぞよろしくお願いします。
　　Ｂ：こちらこそ、よろしくお願いします。

> 例　Ａ：はじめまして、王宇翔です。どうぞよろしくお願いします。
> 　　Ｂ：こちらこそ、よろしくお願いします。

2. 谈论彼此身份

　　Ａ：Ｂさんは＿＿＿＿ですか。
　　Ｂ：はい、そうです。／いいえ、そうではありません。

> 例　Ａ：王さんは日本語学科の学生ですか。
> 　　Ｂ：はい、そうです。

D 拓展练习

1. 自我介绍

步骤：

(1) 各自准备一张白纸，写上自己的姓名以及日语读音。

(2) 全体起立，随机站立。

(3) 和你身边的同学互相做自我介绍。

(4) 随机交换位置，与教室里所有同学互做自我介绍。

重要提示：不要忘记微笑、握手、鞠躬或拥抱哦！

2. 介绍他人

步骤：

(1) 全班随机围成一圈。

(2) 所有人轮流向大家介绍站在自己右侧的同学。

第2課　新生活

ユニット2

家族の写真

（次日，小王和高桥在一起谈论着各自的家庭）
高橋：王さんのご家族は何人ですか。
王　：3人です。両親と私です。私は一人っ子です。父はサラリーマンで、
　　　母は医者です。
高橋：そうですか。
王　：高橋さんは何人家族ですか。
高橋：6人です。父と母と祖母と姉と弟と私です。
　　　（拿出几张照片一边给王看一边说）
　　　父は会社員で、母は小学校の教員です。
王　：おばあさんは、お母さんのお母さんですか。
高橋：いいえ、父の母です。
　　　（指着照片上的弟弟）弟です。
王　：弟さんはおいくつですか。
高橋：今、高校2年生で、17歳です。
　　　（指着照片上的姐姐）姉です。姉は看護師です。
王　：（指着照片上的一位男士）この方はどなたですか。
高橋：ああ、その人は姉の婚約者です。
　　　（又拿出另外一张照片）私の恋人はこちらです。名
　　　前はタマです。
王　：ええ？
　　　（看到照片上是一只猫）
　　　あ、そうですか。タマちゃん。（笑了）

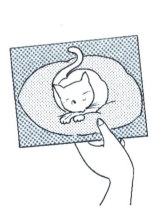

解説・音声

1. ～年生

「～年生」一律读成 ④ 型。为了便于解说和突出其规律性，此处采用负数式标记法。在以后的各课中，类似情形也将采用负数式标记法。

- １年生　いちねんせい ④　　２年生　にねんせい ④
- ３年生　さんねんせい ④　　４年生　よねんせい ④
- ５年生　ごねんせい ④　　　６年生　ろくねんせい ④

疑问词：何年生　なんねんせい ④

2. 数字的连读

A. 数数时，为了节奏连贯、易于上口，10以内的数字一律读成①型，单音节词要延长一拍。

いち①　にー①　さん①　しー①　　ごー①

ろく①　しち①　はち①　くー／きゅう①　　じゅう①

B. 在读一连串数字时，通常是将数字按照2个为一组的形式，分别读成中高型，单音节数字也要延长一拍。读电话号码（例如读8位数字的电话号码）时，一般也是2个数字1组，即读完2个数字后稍停一下再读后2个数字，每组数字也应读成中高型，且单音节词延长一拍。电话号码分为前后两段，书写时一般用"－"将其隔开，读时既可以在该处有一个较长的停顿，也可以读做「の」。例如：

6851-3944（電話）：

ろくはち・ごーいち（・の）・さんきゅう・よんよん③-③-③-③

3. そうですか

请看下面两组例句中的「そうですか」。语气助词「か」通常表示疑问，但整句话在此处并不表示疑问，而表示确认，意为"是吗！""是这样啊！"，此时应读降调。

（1）高橋：王さんのご家族は何人ですか。

　　王　：3人です。両親と私です。私は一人っ子です。父はサラリーマンで、母は医者です。

第2課　新生活

　　　高橋：そうですか。↘

(2)　高橋：私の恋人はこちらです。名前は太郎です。

　　　王　：ええ？　あ、そうですか。↘

解説・語彙

1. 亲属称谓

日语家庭成员的称呼没有汉语那么复杂，但是对他人讲自己的家庭成员和称呼对方的家庭成员时有所不同，一般称呼对方的家庭成员需用敬称。它们分别是：

汉语	自己的家庭成员	他人的家庭成员
爷爷、姥爷	祖父（そふ）①	お祖父さん（おじいさん）②
奶奶、姥姥	祖母（そぼ）①	お祖母さん（おばあさん）②
爸爸	父（ちち）①②	お父さん（おとうさん）②
妈妈	母（はは）①	お母さん（おかあさん）②
哥哥	兄（あに）①	お兄さん（おにいさん）②
姐姐	姉（あね）⓪	お姉さん（おねえさん）②
弟弟	弟（おとうと）④	弟さん（おとうとさん）⓪
妹妹	妹（いもうと）④	妹さん（いもうとさん）⓪
丈夫	夫（おっと）⓪／旦那（だんな）⓪／主人（しゅじん）①	旦那さん（だんなさん）⓪／ご主人（ごしゅじん）②
妻子	妻（つま）①／家内（かない）①	奥さん（おくさん）①
儿子	息子（むすこ）⓪	息子さん（むすこさん）⓪／お子さん（おこさん）⓪
女儿	娘（むすめ）③	娘さん（むすめさん）⓪／お子さん⓪
兄弟姐妹	兄弟（きょうだい）①	ご兄弟（ごきょうだい）②
叔叔、舅舅	叔父／伯父（おじ）⓪	叔父さん／伯父さん（おじさん）⓪
姑姑、姨	叔母／伯母（おば）⓪	叔母さん／伯母さん（おばさん）⓪
侄子、外甥	甥（おい）⓪	甥御さん（おいごさん）⓪
侄女、外甥女	姪（めい）⓪	姪御さん（めいごさん）⓪
堂（表）兄弟姐妹	従兄弟／従姉妹（いとこ）②	従兄弟／従姉妹さん（いとこさん）②

2. 数量名词

日语的数词是名词的次类，用于表示事物的数量或顺序等。数量名词分为基数词、序数词、数量词三种。

(1) 基数词

0（ゼロ、れい）①	
1（いち）②	2（に）①
3（さん）⓪	4（し）①、（よん）①
5（ご）①	6（ろく）②
7（しち）②、（なな）①	8（はち）②
9（く）①、（きゅう）①	10（じゅう）①
11（じゅういち）④	12（じゅうに）③
13（じゅうさん）①	
14（じゅうし）③、（じゅうよん）③	
15（じゅうご）①	16（じゅうろく）④
17（じゅうしち）④、（じゅうなな）③	18（じゅうはち）④
19（じゅうく）①、（じゅうきゅう）③	
20（にじゅう）①	30（さんじゅう）①
40（よんじゅう）①	50（ごじゅう）②
60（ろくじゅう）③	70（ななじゅう）②
80（はちじゅう）③	90（きゅうじゅう）①
100（ひゃく）②	200（にひゃく）③
300（さんびゃく）①	400（よんひゃく）①
500（ごひゃく）③	600（ろっぴゃく）④
700（ななひゃく）②	800（はっぴゃく）④
900（きゅうひゃく）①	1000（せん）①
2000（にせん）②	3000（さんぜん）③
4000（よんせん）③	5000（ごせん）②
6000（ろくせん）③	7000（ななせん）③
8000（はっせん）③	9000（きゅうせん）③
10000（いちまん）③	

例：

> 45（よんじゅうご）①　　37（さんじゅうしち）①-②
> 64（ろくじゅうよん）⓪-①　　108（ひゃくはち）④
> 18300（いちまんはっせんさんびゃく）③-③-①

(2) ～つ（表示个数）

> 一つ（ひとつ）②　　二つ（ふたつ）③
> 三つ（みっつ）③　　四つ（よっつ）③
> 五つ（いつつ）②　　六つ（むっつ）③
> 七つ（ななつ）②　　八つ（やっつ）③
> 九つ（ここのつ）②　　十　（とお）①

疑问词：いくつ ①

(3) ～人（表示人数）

> 1人（ひとり）②　　2人（ふたり）③
> 3人（さんにん）③　　4人（よにん）②
> 5人（ごにん）②　　6人（ろくにん）②
> 7人（しちにん）②／ななにん ②　　8人（はちにん）②
> 9人（きゅうにん）①／くにん ②　　10人（じゅうにん）①
> 11人（じゅういちにん）④　　12人（じゅうににん）③
> 13人（じゅうさんにん）③
> 14人（じゅうよにん）①／（じゅうよにん）①-②
> 15人（じゅうごにん）①／（じゅうごにん）①-②
> 16人（じゅうろくにん）④
> 17人（じゅうしちにん）④／（じゅうななにん）④
> 18人（じゅうはちにん）④
> 19人（じゅうきゅうにん）③／（じゅうくにん）①-②
> 20人（にじゅうにん）②　　100人（ひゃくにん）②
> 1000人（せんにん）①／（いっせんにん）⓪
> 10000人（いちまんにん）⓪

疑问词：何人（なんにん）①

（4）～歳（表示年龄）

1歳（いっさい）①	2歳（にさい）①
3歳（さんさい）①	4歳（よんさい）①
5歳（ごさい）①	6歳（ろくさい）②
7歳（ななさい）②	8歳（はっさい）①
9歳（きゅうさい）①	10歳（じ（ゅ）っさい）①
18歳（じゅうはっさい）③	
20歳（はたち）①／（にじ（ゅ）っさい）②	
24歳（にじゅうよんさい）①-①	
疑问词：いくつ①／何歳（なんさい）①	

解説・文法

1. 疑问词

意义：表达疑问。

译文：几人、几个、谁、哪里等

接续：疑问词＋ですか

(1) 王さんのご家族は**何人**ですか。
(2) 日本語学科の学生は**何人**ですか。
(3) 弟さんは**おいくつ**ですか。
(4)（指着照片）高橋：この方は**どなた**ですか。
　　　　　　　　王　：この方は京華大学の王先生です。

2. と〈并列〉

意义：助词「と」用于两个或两个以上的名词之间，表示并列关系。

译文：……和……

接续：名词＋と＋名词（＋と＋名词）

第2課　新生活

(1) （家族は）3人です。両親と私です。
(2) 高橋さんと渡辺(わたなべ)さんは語学留学生です。
(3) 家族は6人で、父と母と祖母と姉と弟と私です。

3. この、その、あの、どの〈指示〉

意义：用于指示、限定名词所指称的人或事物。
译文：这个……，那个……，那个……，哪个……
接续：この／その／あの／どの＋名词
说明：「この、その、あの、どの」是连体词，不能独立使用，只能做连体修饰语来修饰后面的名词，用于指示、限定名词所指称的人或事物。根据说话人、听话人与所指示的人或事物的距离关系，分为近称、中称、远称和疑问称。

近 称	中 称	远 称	疑问称
この	その	あの	どの

近称一般指距离说话人近的事物，中称一般指距离听话人近的事物，远称一般指距离说话人和听话人双方都远的事物，疑问称表示疑问。

(1) 王　　：この方はどなたですか。
　　高橋：ああ、その人は姉の婚約者です。
(2) あの方は鈴木真一さんです。
(3) 王　　：高橋さんはどの人ですか。
　　鈴木：高橋さんはあの人です。

☞ 以「こ、そ、あ、ど」开头的表示指示的词，称为「こそあど」系列。它们分别对应近称、中称、远称和疑问称，根据说话人、听话人与所指事物的距离关系而区别使用。见第3课第1单元「ここ、そこ、あそこ、どこ」「これ、それ、あれ、どれ」。

解説・表現

1. 王さんのご家族は何人ですか

功能：询问对方家庭人数。

译文：小王你家有几口人

说明：不能按照汉语的习惯直接翻译成「あなたのご家族は何人ですか」。「あなた」多用于双方关系生疏、训斥对方等场合。以前夫妻对话中，妻子经常使用「あなた」来称呼丈夫。因此，不能把「あなた」等同于汉语的"你"或"您"。日语中经常省略表示主语的人称代词，此句也可以省略「王さんの」，直接说成「ご家族は何人ですか」。同样的意思还有另外一种表达方式：「（王さんは）何人家族ですか」。

練 習

A 课文理解练习

请在符合课文内容的（ ）中画〇，不符合的画×。

(1) （ ） 王さんの家族は3人です。
(2) （ ） 王さんのお母さんは小学校の教員です。
(3) （ ） 高橋さんの家族は6人です。お父さんとお母さんとおじいさんとお姉さんと弟さんと高橋さんです。
(4) （ ） 高橋さんのお父さんは会社員です。
(5) （ ） 高橋さんの弟さんは高校生で、17歳です。
(6) （ ） 「タマ」は高橋さんの恋人の名前です。

B 基础练习

仿照例句，完成句子。

1. 例 張さん／劉さん／日本語学部の学生
　　→ 張さんと劉さんは日本語学部の学生です。

(1) 祖父／祖母／大学の教師
(2) 弟／妹／高校生
(3) キムさん／高橋さん／語学留学生
(4) スミスさん／トムさん／アメリカ人留学生

2. 例　→　この人は父です。
　　　　　この方は李さんのお父さんです。

私の家族

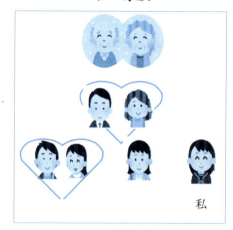

李さんの家族

3. 例　A：　ご家族　は何人ですか。
　　　　B：　4人　です。

例　ご家族	
(1) 日本人の先生	
(2) お兄さん	
(3) アメリカ人留学生	
(4) 彼女	

ユニット2　家族の写真

C　会话练习

请和你的同伴想象一个具体场景，仿照例子练习对话。

1. 谈论家庭成员

　　A：Bさんは何人家族ですか。

　　B：＿＿＿です。＿＿＿と＿＿＿と私です。

> 例　A：王さんは何人家族ですか。
> 　　B：3人です。父と母と私です。

2. 谈论年级

　　A：Bさんは何年生ですか。

　　B：＿＿＿です。

> 例　A：王さんは何年生ですか。
> 　　B：2年生です。

3. 谈论工作

　　A：Bさんのお仕事は何ですか。

　　B：＿＿＿です。

> 例　A：李さんのお仕事は何ですか。
> 　　B：看護師です。

各种职业的说法

公務員（こうむいん）③
郵便局員（ゆうびんきょくいん）⑥
看護師（かんごし）③
弁護士（べんごし）③
美容師（びようし）②
教師（きょうし）①
エンジニア　③
主婦／主夫（しゅふ）①
警察官（けいさつかん）④③
自営業（じえいぎょう）②
パート①／アルバイト③

銀行員（ぎんこういん）③
歯医者（はいしゃ）①
介護士（かいごし）③
会計士（かいけいし）③
栄養士（えいようし）②
職員（しょくいん）②
ドライバー②
料理人（りょうりにん）⓪
研究者（けんきゅうしゃ）③
農家（のうか）①
無職（むしょく）①

第2課　新生活

D　拓展练习

课题：想象并介绍自己20年后的家庭。

目标：学习介绍自己的家庭。

步骤：（1）想象一下20年后自己的家庭。

（2）参考样例画一张简单的图片。

（3）根据图片介绍自己的家庭。

（4）别忘了宠物也是家庭成员哦！

英语字母的日语读音

日本人在读英语字母时通常有统一、固定的念法，且每个字母单独发音时一般都读成①型。以下是英语26个字母的日语读音，看看哪些和英语的发音较为接近，哪些差距较大。

A：エー、エイ	B：ビー	C：シー	D：ディー
E：イー	F：エフ	G：ジー	H：エイチ
I：アイ	J：ジェー、ジェイ	K：ケー、ケイ	L：エル
M：エム	N：エヌ	O：オー	P：ピー
Q：キュー	R：アール	S：エス	T：ティー
U：ユー	V：ブイ、ヴィー	W：ダブリュー	X：エックス
Y：ワイ	Z：ゼット		

请你试着读一读：

JR　IT　WHO　NHK　SOS

ユニット３

京華大学へようこそ

　語学留学生の皆さん、こんにちは。京華大学へようこそ。私は学長の張光輝と申します。どうぞよろしくお願いします。

　京華大学は1952年創立の総合大学です。現在の学生数は約20,000名です。文系学部は６学部で、理系学部は４学部です。その他は、大学院、研究所、研究センターです。

　皆さんの語学留学コースは国際教育センターの一部です。このコースは１年で、主要科目は中国語の発音・文法・会話・聴解・作文です。

　言葉の勉強は「日々の努力の積み重ね」です。では、皆さん、加油！

第 2 課　新生活

解説・音声

1. ～年

1年	いちねん ②	2年	にねん ①
3年	さんねん ⓪	4年	よねん ⓪
5年	ごねん ⓪	6年	ろくねん ②
7年	しちねん ②／ななねん ②	8年	はちねん ②
9年	きゅうねん ①／くねん ⓪	10年	じゅうねん ①
20年	にじゅうねん ②	100年	ひゃくねん ②

疑问词：何年　なんねん ①

（10年、20年……90年均读成 ④ 型）

解説・文法

1. の〈同位〉

意义：助词「の」用于两个名词之间，表示同位的关系，即「の」前后的名词所指相同。

接续：名词＋の＋名词

说明：一般前面的名词为表示关系、性质的名词，后面的名词为专有名词，如人名等。

> (1) 私は学長の張光輝と申します。
> (2) こちらは友達の王さんです。
> (3) こちらは後輩の高橋さんです。

解説・表現

1. **こんにちは**

    功能：白天与人见面时的寒暄语。

    译文：你好

    说明：用于比较郑重的场合，或对不熟悉的人使用。对关系非常亲近的人使用会使彼此产生距离，显得比较生分。

2. **～へようこそ**

    功能：表示欢迎的寒暄语。

    译文：欢迎（光临）；欢迎您到……来；……欢迎您

    说明：不是商店等服务行业的专业用语。只用于对已经到达的人表示欢迎，这一点与汉语不同。

3. **～と申します**

    功能：用于郑重介绍自己的姓名。

    译文：我叫……；我姓……

    说明：一般在正式场合或对身份、年龄高于自己的人使用。

練習

A 课文理解练习

请在符合课文内容的（　）中画〇，不符合的画×。

(1) （　）京華大学は総合大学です。
(2) （　）文系学部は10学部です。
(3) （　）語学留学コースは国際教育センターの一部です。
(4) （　）語学留学コースの修学年数は4年です。

第 2 課　新生活

B　基础练习

仿照例句，完成句子。

例1　私／学長／張光輝 →　私は学長の張光輝です。

例2　あの方／留学生／高橋さん →　あの方は留学生の高橋さんです。

(1) こちら／留学生／鈴木さん
(2) この方／先輩／陳さん
(3) 私／鈴木さんの後輩／高橋
(4) 私／日本語学科の学生／（自己的名字）

C　拓展练习

1. 阅读第3单元课文，整理京华大学的主要信息，完成下表。

成立时间	
学生人数	
大学主要学科分类	
语言课程学习年限	
语言课程主要学习内容	

2. 仿照第3单元课文及以下例子，写一个你所在学校的简单的介绍。

例

　　A大学は1918年創立の総合大学です。現在の学生数は、約4400名です。学部は、文学部、教育学部、法学部、経済学部、理学部、医学部、歯学部、薬学部、工学部、農学部、獣医学部、水産学部の12学部です。その他の大学内機関は、大学院、研究センター、病院と動物病院です。

日本学校的学制

　　日本现行的学制是小学6年、初中3年、高中3年、大学4年的"六三三四"制，这个制度是第二次世界大战后根据1947年颁布的《新学校教育法》制定的。

　　小学通常是6岁入学，小学和初中为义务教育，就学率为100%。进行义务教育的机构多为地方政府创办的公立学校，高中有一部分学校是私立的（2020年各类学校中私立学校所占的比例：小学1.2%、初中7.7%、高中27.1%）。日本的初中和高中大多是完全独立的两所学校，这一点和中国有很大不同。此外，日本的初、高中除了有男女混校外，还分别设有男校和女校。

　　高中毕业后通过大学升学考试或推荐可进入大学就读。日本的大学既是教育机构又是科研机构，一般开设基础课和各领域的专业课。本科阶段学制通常为4年（医科为6年），研究生阶段硕士生为2年，博士生为3年。大学分为国立、公立和私立三种，从数量上看，私立大学要远远多于国立大学和公立大学（2020年私立大学的比例为77.4%）。此外还有短期大学，相当于中国的大专，学制为两年。大学升学率（包括短大）在东京、京都等大城市超过了60%，而在一些偏远的地区则不足30%，地区间的差距近年来有所扩大。日本的大学和短大一般没有学生宿舍，大部分学生要在学校附近租房居住。

　　另外，初中毕业后还可进入高级专门学校学习，学制为5年，大致相当于中国的中专、职高或技校。学龄前儿童在上小学之前一般进入幼儿园或保育园，接受学龄前教育。

（数据来源：日本文部科学省统计数据）

第3課　キャンパス・スケジュール

学习目标

1. 能够用日语交流学习生活、作息安排。

2. 能够用日语简单询问、说明场所。

语法学习要点

ユニット1
① ここ、そこ、あそこ、どこ〈指示〉
② 形容詞
③ 形容詞的连体形
④ これ、それ、あれ、どれ〈指示〉
⑤ も〈类同〉
⑥ それから〈补充〉

ユニット2
① から〈起点〉
② まで〈终点〉
③ でも〈转折〉
④ N_1からN_2まで〈范围〉
⑤ Nじゃありませんか〈否定疑问〉
⑥ どんなNですか〈疑问〉

ユニット3
① N_1やN_2など〈并列〉

ユニット1

キャンパス

（赵媛媛和高桥美穂一起走在校园里）

高橋：趙さん、売店はどこですか。

趙　：売店はあの建物です。

高橋：え、どの建物ですか。

趙　：あの白い建物です。

高橋：ああ、あれですね。
　　　向こうの建物は何ですか。

趙　：どれですか。

高橋：あの大きい建物です。

趙　：ああ、あれは図書館です。

高橋：そうですか。立派な図書館ですね。

（两个人走进图书馆，赵媛媛边走边向高桥介绍）

趙　：ここは閲覧室です。中国語の雑誌はここです。

高橋：日本語の雑誌もここですね。検索用のコンピューターはどこですか。

趙　：あそこです。

高橋：ああ、あそこですね。それから、貸し出しカウンターはどこですか。

趙　：（赵指着高桥后面的借阅台）そこです。

高橋：（回过头看看身后）ああ、ここですね。
　　　あのう、すみません、それから……。

趙　：はい。

高橋：（小声说）あのう、お手洗いはどこですか。

趙　：ああ、トイレはあそこです。

高橋：どうも。じゃ、ちょっと。

（去洗手间）

第3課　キャンパス・スケジュール

> 解説・語彙

1. お手洗い／トイレ／便所(べんじょ)

　　汉语表示"厕所"意义时有"厕所、洗手间、卫生间、化妆室、茅房"等多种说法，日语也是如此。「お手洗い」最常见，源于人们上完厕所后洗手这一习惯，用"洗手"委婉地表示"上厕所"，比直接说显得文雅。「トイレ」这一外来词源自法语，本义指洗手台上铺设的布片，用来放置化妆品，后来专指厕所。「便所」是汉语词，指老式蹲便式厕所，城市里已很少使用。在古代日本，厕所还有更多的称呼，如「雪隠(せっちん)」等。

> 解説・文法

1. ここ、そこ、あそこ、どこ〈指示〉

意义：用于指示处所。
译文：这里（近称），那里（中称），那里（远称），哪里（疑问称）
说明：「ここ、そこ、あそこ、どこ」是指示代名词，根据说话人、听话人与所指事物的距离关系而区别使用。

　　（1）高橋：売店は**どこ**ですか。
　　　　趙　：売店はあの建物です。
　　（2）高橋：検索用のコンピューターは**どこ**ですか。
　　　　趙　：（検索用のコンピューターは）**あそこ**です。
　　（3）高橋：貸し出しカウンターは**どこ**ですか。
　　　　趙　：（貸し出しカウンターは）**そこ**です。

☞ 说话人与听话人处于同一范围时，指示离二者都近的处所时用「ここ」，指示离二者较远的处所时用「そこ」，指示离二者很远的处所时用「あそこ」。例如：

　　（4）高橋：**ここ**は閲覧室ですか。
　　　　趙　：はい、**ここ**は閲覧室です。

2. 形容词

意义：表示人或事物的性质或状态。

说明：日语形容词在使用中根据表示的语法意义和语法功能的不同会发生形态变化，这种变化称作"活用"。形容词和动词都具有活用变化，不发生变化的部分为词干，发生变化的部分为词尾。

3. 形容词的连体形

连体形（連体形<ruby>れんたいけい</ruby>）是形容词的一种词形，用于修饰名词。根据日语形容词修饰名词时形态的不同，可以将其分为两类：

Ⅰ类形容词（A_Ⅰ）：采用「Aい」形态修饰名词，如「大きい（建物）」

Ⅱ类形容词（A_Ⅱ）：采用「Aな」形态修饰名词，如「立派な（図書館）」

> (1) （図書館は）あの**白い**建物です。
> (2) あの**大きい**建物は何ですか。
> (3) **立派な**図書館ですね。

☞ Ⅰ类形容词和Ⅱ类形容词在有的书中被称为「イ形容詞」和「ナ形容詞」。

4. これ、それ、あれ、どれ〈指示〉

意义：用于指示事物。

译文：这个（近称），那个（中称），那个（远称），哪个（疑问称）

> (1) 趙　：（売店は）あの白い建物です。
>   　高橋：ああ、**あれ**ですね。
> (2) 趙　：**それ**は何ですか。
>   　高橋：**これ**は日本語の辞書です。
> (3) 高橋：検索用のコンピューターは**どれ**ですか。
>   　趙　：検索用のコンピューターは**あれ**です。

☞ 「これ」和「それ」的指示关系与「ここ」和「そこ」相同。例如：

> (4) 趙　：**それ**は何の本ですか。
>   　高橋：**これ**は経済学の本です。

第3課　キャンパス・スケジュール

5. も〈类同〉

意义：表示同类的事物。
译文：也……
接续：名词＋も
说明：用于提示句子的话题。

> (1) 日本語の雑誌**も**ここですね。
> (2) 京華大学は大きい大学です。北燕(ほくえん)大学**も**大きい大学です。
> (3) 鈴木さんは王さんの知り合いです。高橋さん**も**王さんの知り合いです。

6. それから〈补充〉

意义：表示补充、附加。
译文：另外……；还有……
接续：用于连接两个或两个以上的句子、词组或词

> (1) （検索用のコンピューターは）あそこですね。**それから**、貸し出しカウンターはどこですか。
> (2) 主要科目は発音、文法、会話、読解、**それから**作文です。
> (3) 鈴木さん、高橋さん、**それから**山田(やまだ)さんは、王さんの知り合いです。

解説・表現

1. あのう、すみません

功能：用于引起对方注意，引出话题。
译文：对不起（请问）
说明：「あのう」由「あの」演变而来。

2. はい

功能：用于配合对方谈话，为双方继续交谈提供契机，使交流更加顺畅。
译文：你要说什么？我在听你说

说明：听到高桥说「あのう、すみません」，小赵判断高桥有话要说，「はい」使高桥更容易说出后面的话。这是比较典型的日本式谈话习惯。

3. どうも

功能：用在表示感谢或抱歉的词语前，加强语气。
译文：非常（感谢）；非常（抱歉）；多谢
说明：表示感谢、道歉的表达可以省略。不能对长辈或上级使用。

4. じゃ、ちょっと

功能：含糊其辞，避免尴尬。
译文：那么……
说明：这是一个谓语省略句。去卫生间是一件比较尴尬的事情，因此用「ちょっと」表示要稍微离开一下。

練 習

A 课文理解练习

看图，说一说图书馆和小卖部分别是①—③中的哪一个建筑物。

第3課　キャンパス・スケジュール

B　基礎練習

参考例句，完成句子。

1. 例　図書館
   → 　A：図書館はどこですか。
   　　 B：あそこです。

(1) 銀行	(2) コンビニ
(3) 駅	(4) お手洗い

2. 例　図書館　→　あの建物は図書館です。

(1) 銀行	(2) 駅
(3) 学校	(4) デパート

3. 例　（あれ／あの／あそこ）建物は図書館です。

   (1) A：売店は（どれ／どの／どこ）建物ですか。
   　　B：売店は（あれ／あの）です。
   　　A：え？（どれ／どの）ですか。
   　　B：（あれ／あの／あそこ）白い建物です。
   (2) A：あの大きい建物は（どれ／どこ／何）ですか。
   　　B：ああ、（あれ／あの）は図書館です。
   (3) A：すみません、お手洗いはどこですか。
   　　B：（あの／あそこ）です。

4. 例　立派／建物　→　立派な建物

(1) 古い／本	(2) 高い／ホテル
(3) 明るい／部屋	(4) 複雑／問題
(5) 有名／歌手	

5. 例1　高橋さん／日本人／鈴木さん／（〇）
   　　→　高橋さんは日本人です。鈴木さんも日本人です。
   　例2　高橋さん／日本人／王さん／（×）
   　　→　高橋さんは日本人です。王さんは日本人ではありません。

(1) 高橋さん／語学留学生／山田さん／（○）
(2) 李さん／日本語学部の学生／劉さん／（×）
(3) 京華大学／古い大学／東西大学／（○）
(4) この建物／図書館／あの建物／（×）

C 会话练习

请和你的同伴想象一个具体场景，仿照例子练习对话。

询问地点

A：すみません、＿＿＿＿はどこですか。
B：あの＿＿＿＿建物です。
A：ああ、あれですね。どうも。

> 例　A：すみません、売店はどこですか。
> 　　B：あの白い建物です。
> 　　A：ああ、あれですね。どうも。

D 拓展练习

在大学校园学习、生活一个多月了，你发现了什么有趣的地方吗？使用学校的地图，互相交流自己认为有趣、有用的地点。

> 例　図書館はここです。
> 　　この白い建物は喫茶店です。

日本国名的由来

7世纪初，日本的执政者圣德太子（574—622）在给中国的国书中称自己的国家为「日出処（ひいづるところ）」，「日本」一词就是源于「日の本（ひのもと）（太阳升起处）」之意。当时「日本」的读音为「やまと」，奈良时期以后变为「にほん」或「にっぽん」。这两种读音在使用上没有严格的区分，在国际体育比赛或邮政中通常读作「にっぽん」，在一些专有名词中也使用「にっぽん」这一读法，如「日本放送協会（にっぽんほうそうきょうかい）（NHK）」。

第3課　キャンパス・スケジュール

ユニット2

スケジュール

（清晨，小王和高桥、铃木走在校园里）

高橋：王さん、学部の授業は一コマ何分ですか。
王　　：100分です。日本の大学の授業も100分ですか。
高橋：いいえ、90分です。
王　　：あ、1時間半ですか。
高橋：ええ。中国の大学の1時間目は何時からですか。
王　　：朝8時からです。午後はだいたい4時40分までです。
高橋：そうですか。今日も？
王　　：いいえ、今日は夕方6時40分までです。
鈴木：私の授業は4時40分までです。でも、木曜日は6時40分までです。

（三人坐在校园的长椅上，铃木从书包里拿出课程表看）

高橋：それは鈴木さんの時間割ですか。
鈴木：ええ、そうです。
　　　ほら、木曜日の選択科目は夕方5時から6時40分までです。
王　　：（小王看了看铃木的课程表）あれ？
　　　今は呉先生の中国史の授業じゃありませんか。
鈴木：いいえ、月曜日の1時間目は自習時間です。
高橋：今日は火曜日ですが……。
鈴木：あ、大変！
　　　王さん、高橋さん、またあとで。（向远处跑去）

（高桥举着铃木忘在长椅上的书高喊）

高橋：鈴木さーん！
　　　これ、中国史の教科書じゃありませんか。
　　　（铃木没有听见）
　　　（转向小王）呉先生はどんな先生ですか。
王　　：とても厳しい先生です。

ユニット2　スケジュール

鈴木さんの時間割表

	星期一	星期二	星期三	星期四	星期五
8：00—9：40		中国史		汉语阅读	
10：00—11：40	汉语口语	体育	中日交流史	作文	汉语口语
13：00—14：40					文学作品鉴赏
15：00—16：40		古代文学		汉语语法	
17：00—18：40				古典音乐	
19：00—20：40					

解説・音声

1. ～時

1時　いちじ ②　　　　2時　にじ ①
3時　さんじ ①　　　　4時　よじ ①
5時　ごじ ①　　　　　6時　ろくじ ②
7時　しちじ ②　　　　8時　はちじ ②
9時　くじ ①　　　　　10時　じゅうじ ①
11時　じゅういちじ ④　　12時　じゅうにじ ③
13時　じゅうさんじ ③　　14時　じゅうよじ ③／じゅう・よじ ①-①
15時　じゅうごじ ①／じゅうごじ ③
16時　じゅうろくじ ④
17時　じゅうしちじ ④／じゅうななじ ④
18時　じゅうはちじ ④
19時　じゅうくじ ③／じゅう・くじ ①-①
20時　にじゅうじ ②
21時　にじゅう・いちじ ①-②
22時　にじゅう・にじ ①-①
23時　にじゅう・さんじ ①-①
24時　にじゅう・よじ ①-①
0時　れいじ ①

疑問詞：何時　　なんじ ①

第3課　キャンパス・スケジュール

「～時半」一律读成⊖②型。

- 1時半　いちじはん ⊖②　　4時半　よじはん ⊖②
- 9時半　くじはん ⊖②　　　23時半　にじゅう・さんじはん ①⊖②

「～時間」一律读成⊖③型。

- 1時間　いちじかん ⊖③　　3時間　さんじかん ⊖③
- 10時間　じゅうじかん ⊖③　24時間　にじゅう・よじかん ①⊖③

疑问词：何時間　なんじかん ⊖③

「～時間半」一律读成⊖②型。

- 1時間半　　いちじかんはん ⊖②
- 8時間半　　はちじかんはん ⊖②
- 17時間半　　じゅうななじかんはん ⊖②
- 24時間半　　にじゅう・よじかんはん ①⊖②

2. ～分

个位为1、6、8、10时发生促音变，即读成「～っぷん」，此外，个位为3和4时也读成「～ぷん」。

- 1分　いっぷん ①　　　　2分　にふん ①
- 3分　さんぷん ①　　　　4分　よんぷん ①
- 5分　ごふん ①　　　　　6分　ろっぷん ①
- 7分　ななふん ②　　　　8分　はっぷん ①／はちふん ②
- 9分　きゅうふん ①　　　10分　じ（ゅ）っぷん ①
- 11分　じゅういっぷん ③　14分　じゅうよんぷん ③
- 15分　じゅうごふん ①／じゅうごふん ③
- 20分　にじ（ゅ）っぷん ②　25分　にじゅう・ごふん ①-①
- 30分　さんじ（ゅ）っぷん ③　33分　さんじゅう・さんぷん ①-①
- 100分　ひゃっぷん ①

疑问词：何分 なんぷん ①

3. ～曜日

「～曜日」一律读成⊖3型。

月曜日	げつようび ⊖3	火曜日	かようび ⊖3
水曜日	すいようび ⊖3	木曜日	もくようび ⊖3
金曜日	きんようび ⊖3	土曜日	どようび ⊖3
日曜日	にちようび ⊖3		

疑问词：何曜日 なんようび ⊖3

解説・語彙

1. コマ

「コマ」汉字写作「齣」，汉语中读作"chū"，原指传奇中的一个段落，同杂剧中的"折"相近。传入日语后，表示戏剧、电影、小说中的一段、一幕，也可以指大学课程中的一节课，一个「コマ」通常为90分钟或100分钟。

解説・文法

1. から〈起点〉

意义：表示起点。
译文：从……；自……
接续：名词＋から

(1) 1時間目は何時**から**ですか。
(2) 朝8時**から**です。
(3) 夕方7時**から**選択科目の授業です。

☞ 本课「から」接在时间名词后。「から」还可以接在表处所、顺序等名词的后面，表示处所、顺序等的起点。

第3課　キャンパス・スケジュール

2. まで〈终点〉

意义：表示终点。

译文：到……；……为止

接续：名词＋まで

> （1）午後はだいたい4時40分**まで**です。
> （2）授業は何時**まで**ですか。
> （3）私の授業は4時50分**まで**です。

☞　「まで」还可以接在表处所、顺序等名词的后面，表示处所、顺序等的终点。

3. でも〈转折〉

意义：表示转折关系。

译文：不过……；可是……；但……

接续：连接两个句子，用在后句的句首

说明：多用于口语。

> （1）私の授業は4時40分までです。**でも**、木曜日は6時40分までです。
> （2）中国の大学の授業は一コマ100分です。**でも**、日本の大学の授業は90分です。
> （3）日本語の雑誌はここです。**でも**、中国語の雑誌はあそこです。

4. N_1からN_2まで〈范围〉

意义：表示范围。

译文：从……到……

接续：「から」和「まで」分别接在表示时间（或空间）的名词后

> （1）木曜日の選択科目は夕方5時**から**6時40分**まで**です。
> （2）私の授業は朝8時**から**午後4時40分**まで**です。
> （3）授業は月曜日**から**金曜日**まで**です。

5. Nじゃありませんか〈否定疑问〉

意义：表示反问。

译文：不是……吗？

说明：是名词谓语句「Nです」的否定疑问形式。

> (1) 今は呉先生の中国史の授業**じゃありませんか**。
> (2) 今日は月曜日**じゃありませんか**。
> (3) あの人は鈴木さん**じゃありませんか**。

6. どんなNですか〈疑问〉

意义：询问名词所指的人或事物的性质、状态。

译文：什么样的……；怎样的……

说明：是表指示的连体词「どんな」引导的疑问句。

> (1) 呉先生は**どんな**先生ですか。
> (2) 王さんは**どんな**学生ですか。
> (3) 京華大学は**どんな**大学ですか。

解説・表現

1. ほら

功能：用于提醒对方注意。

译文：你看；你看（我说对了吧）

说明：一般不能对长辈或上级使用。

2. あ、大変！

功能：自言自语。

译文：哎呀，糟了！

3. またあとで

功能：与比较熟悉的人道别时的寒暄语。

第3課　キャンパス・スケジュール

译文：一会儿见；回头见

说明：这是一个谓语省略句，后面省略了「会いましょう」。

4. とても厳しい先生です

功能：对老师的评价。

译文：老师特别严厉

说明：日语中不能当面评价长辈或上级。

練　習

A　课文理解练习

请在符合课文内容的（　）中画〇，不符合的画×。

(1) （　）日本の大学の授業は一コマ50分です。
(2) （　）中国の大学の授業は朝8時からです。
(3) （　）今は呉先生の中国史の授業です。
(4) （　）今日は月曜日です。
(5) （　）呉先生は鈴木さんの先生です。

B　基础练习

参考例句，完成句子。

1. 例　大学の授業／朝8時

　　→ A：大学の授業は何時からですか。
　　　B：朝8時からです。

(1) 図書館／朝9時　　　(2) あの食堂／夜8時半
(3) 売店／朝9時半　　　(4) 郵便局／朝9時

2. 例　午後の授業／3時

　　→ 午後の授業は3時までです。

(1) 図書館／午後6時　　　　　(2) 食堂／午後6時半
(3) 売店／夜7時　　　　　　　(4) 郵便局／午後5時

3. 例　図書館（8：30～17：30）
　　　→ 図書館は朝8時半から午後5時半までです。

(1) 売店（8：00～19：00）　　　(2) 郵便局（9：00～17：00）
(3) 食堂（6：45～20：00）　　　(4) 大学病院（8：00～18：00）

4. 例　これ／京華大学の写真
　　　→ これは京華大学の写真じゃありませんか。

(1) 銀行／あの建物　　　　　　(2) 高橋さん／鈴木さんの後輩
(3) 図書館／10時まで　　　　　(4) 日本語の授業／1時30分から

5. 例　呉先生・先生／厳しい
　　　→ A：呉先生はどんな先生ですか。
　　　　 B：とても厳しい先生です。

(1) 京華大学・大学／古い　　　(2) 学長・方／立派
(3) 芸術史・授業／おもしろい　(4) その本・本／難しい

C 会话练习

请和你的同伴想象一个具体场景，仿照例子练习对话。

1. 谈论星期

　　A：＿＿＿＿は何曜日ですか。
　　B：＿＿＿＿曜日です。
　　A：そうですか。

　例　A：勉強会は何曜日ですか。
　　　B：土曜日です。
　　　A：そうですか。

第3課　キャンパス・スケジュール

2. 谈论时间

A：_____は何時までですか。

B：_____時までです。

> 例　A：図書館は何時までですか。
>   　B：夜11時までです。

D　拓展练习

任务：打电话询问营业时间。
目标：收集与时间相关的信息。
准备：百货商店、医院等营业时间的小纸片。
形式：2人为一组。
步骤：（1）准备好写有百货商店、医院、体育馆等营业时间及休息日的小纸片，发给同学。
　　　（2）两人一组，相互询问对方拿着的纸片上的时间安排。

> 例　スタッフ：はい、ABC病院です。
>   　客　　　：すみません、そちらは何時から何時までですか。
>   　スタッフ：朝9時から夜8時までです。
>   　客　　　：9時から8時までですね。
>   　スタッフ：はい。でも、土曜日は6時までです。
>   　客　　　：休みは何曜日ですか。
>   　スタッフ：日曜日です。
>   　客　　　：どうも。
>
>   ABC病院
>   診療時間：
>   9：00～20：00
>   休日：日曜日

ユニット3

サークル情報

『遣唐使』10月号
（新入生歓迎号）

日本人留学生・新入生の皆さん、
「遣唐使の会」へようこそ！
遣唐使の会は日本人留学生会です。

メンバー：京華大学日本人留学生（30人）
活　　動：ニュースレターの発行や研究発表会・交流パーティーの開催など
活 動 日：金曜日（午後4時から6時半まで）
活動場所：留学生会館2階の小会議室
ニュースレター：『遣唐使』

　はじめまして、会長の山田香織です。経済学部の4年生です。専攻は中国経済で、卒業論文のテーマは『中国の株式市場』です。どうぞよろしくお願いします。

　はじめまして、副会長の鈴木真一です。歴史学部の2年生で、専攻は中国史です。どうぞよろしくお願いします。

お知らせ
「遣唐使の会」の新入生歓迎パーティー！！

日時：10月20日（土曜日）18:00～
場所：留学生会館1階　大集会室
会費：会員　50元（新入生無料）
料理：ギョーザやおすしなど

第3課　キャンパス・スケジュール

解説・語彙

1. 〜月（表示月份）

　　1月　いちがつ ④　　　2月　にがつ ③　　　　3月　さんがつ ①
　　4月　しがつ ③　　　　5月　ごがつ ①　　　　6月　ろくがつ ④
　　7月　しちがつ ④　　　8月　はちがつ ④　　　9月　くがつ ①
　　10月　じゅうがつ ④　　11月　じゅういちがつ ⑥
　　12月　じゅうにがつ ⑤
　　疑问词：何月　なんがつ ①

2. 〜日（表示日期）

　　1日　ついたち ④　　　　　　　2日　ふつか ⓪
　　3日　みっか ⓪　　　　　　　　4日　よっか ⓪
　　5日　いつか ⓪　　　　　　　　6日　むいか ⓪
　　7日　なのか ⓪　　　　　　　　8日　ようか ⓪
　　9日　ここのか ④　　　　　　　10日　とおか ⓪
　　11日　じゅういちにち ⑥　　　　12日　じゅうににち ⑤
　　13日　じゅうさんにち ③／じゅうさんにち ①
　　14日　じゅうよっか ①-⓪　　　15日　じゅうごにち ①-①
　　16日　じゅうろくにち ⑥　　　 17日　じゅうしちにち ⑥
　　18日　じゅうはちにち ⑥　　　 19日　じゅうくにち ①-①
　　20日　はつか ⓪　　　　　　　 21日　にじゅういちにち ①-④
　　24日　にじゅうよっか ①-⓪　　30日　さんじゅうにち ③
　　31日　さんじゅういちにち ①-④
　　疑问词：何日　なんにち ①

3. 〜階（表示楼层）

　　1階　いっかい ⓪　　　　　　2階　にかい ⓪
　　3階　さんがい ⓪　　　　　　4階　よんかい ⓪
　　5階　ごかい ⓪　　　　　　　6階　ろっかい ⓪
　　7階　ななかい ⓪　　　　　　8階　はっかい ⓪／はちかい ⓪

9階	きゅうかい ⓪	10階	じ(ゅ)っかい ⓪
11階	じゅういっかい ⓪	12階	じゅうにかい ⓪
13階	じゅうさんがい ⓪	14階	じゅうよんかい ⓪
15階	じゅう・ごかい ①-⓪	16階	じゅうろっかい ⓪
17階	じゅうななかい ⓪	18階	じゅうはっかい ⓪
19階	じゅうきゅうかい ⓪		
20階	にじ(ゅ)っかい ⓪／にじ(ゅ)っかい ②		
21階	にじゅう・いっかい ①-⓪		
30階	さんじ(ゅ)っかい ⓪／さんじ(ゅ)っかい ③		
100階	ひゃっかい ⓪		

疑问词：何階　なんがい ⓪

解説・文法

1. N₁やN₂など〈并列〉

意义：用于列举两个或两个以上的事物。

译文：……等等；……之类

说明：「など」有时可以省略。

> (1) 活動は、ニュースレターの発行**や**研究発表会・交流パーティーの開催**など**です。
> (2) 料理はギョーザ**や**おすし**など**です。
> (3) 午後の授業は会話**や**読解**など**です。

☞ 「や」与「と」的区别

「と」：用于列举存在的全部事物。

「や」：列举部分例子，暗示除了列举的事物之外，还包含其他的同类事物。

第3課　キャンパス・スケジュール

練　習

A　课文理解练习

归纳课文的主要内容，并填写任务单。

遣唐使の会	
山田香織	
鈴木真一	
新入生歓迎パーティー	

B　基礎練習

1. 例　パーティー／10月20日　→　パーティーは10月20日です。

   (1) 会議／9月24日　　(2) 発表会／3月8日
   (3) パーティー／5月6日　(4) 『遣唐使』11月号の発行／11月1日

2. 例　授業／4月10日から　→　授業は4月10日からです。

   (1) 大学／9月7日から
   (2) 京華大学の授業／12月30日まで
   (3) 「遣唐使の会」の活動／1月14日から
   (4) 修士コースの授業／2月3日まで

3. 例　パーティーの料理／ギョーザ／おすし
   →　パーティーの料理はギョーザやおすしなどです。

   (1) 留学生／高橋さん／鈴木さん　　(2) 発表会／火曜日／水曜日
   (3) 一年生の授業／発音／会話　　　(4) 主要科目／会話／作文

C 拓展练习

1. 任务：写通知。
   目标：学习写简单的通知。
   形式：两人或小组。
   步骤：（1）阅读以下通知的例子。
   　　　（2）完成例子中的填空。
   　　　（3）参考示例，自己设计并写一个通知。

例

　　　　映画鑑賞会のお知らせ
　　　みなさん、映画の鑑賞会です。

　　日時：10月20日（土曜日）18：00
　　場所：留学生会館
　　会費：20元（新入生無料）

　　　　　　お知らせ
　　みなさん、日本留学の説明会です。

　日時：10月20日（土曜日）18：00〜
　場所：大集会室
　会費：無料

　　＿＿＿＿＿会のお知らせ
　　みなさん、＿＿＿＿＿です。

　日時：＿＿＿＿＿＿＿＿＿＿
　場所：＿＿＿＿＿＿＿＿＿＿
　会費：＿＿＿＿＿＿＿＿＿＿

第3課　キャンパス・スケジュール

遣唐使

　　早在西汉时期，日本就有三十多个小国同我国建立了往来关系。到了隋朝，日本当时的执政者圣德太子于公元600年至614年4次派"遣隋使"来中国，一方面巩固同中国的友好关系，一方面学习和吸收中国的文化和佛教。唐朝时期，日本朝廷从630年起先后13次派"遣唐使"来到唐都长安，学习中国的生产技术、社会制度、哲学历史、文学艺术、建筑技巧和生活习俗等。

　　由于中日之间的密切交往以及日本对中国文化的吸收与融合，日本在许多方面都受到了中国的巨大影响。在政治经济制度方面，日本仿照唐朝实行了班田收授法和租庸调制；在城市建筑方面，模仿唐都长安在京都修建了朱雀大街；在文化方面，根据汉字的草书和楷书偏旁创制了日本的文字——假名；在服装、饮食等日常生活方面也都体现着唐朝的特色和风格。

　　遣唐使在传播唐文化方面起到积极的作用，来唐人数最多的一次达五六百人，其中包括留学生、学问僧和官员使者。吉备真备和阿倍仲麻吕是其中杰出的代表。吉备真备在唐朝留学17年，回国后在太学教授中国律令、典章制度，官至右大臣。阿倍仲麻吕19岁入唐留学，改名晁衡，毕生致力于中国文化的研究。他精通汉学、擅长诗文，与李白、王维等诗人建立了深厚的友谊。公元753年，讹传他在归国途中遇难，李白万分悲痛，作诗哭悼，这就是著名的《哭晁卿衡》：日本晁卿辞帝都，征帆一片绕蓬壶。明月不归沉碧海，白云愁色满苍梧。

第4課　日本語の勉強

学习目标

1. 能够用日语谈论对人或事物的印象、感想。
2. 能够初步掌握日语日记的写法。

学习要点

ユニット1

① 形容词谓语句
② 敬体与简体
③ 形容词的敬体非过去时
④ が〈主体（主语、疑问）〉
⑤ そんなに$A_Ⅰ$くないです／$A_Ⅱ$ではありません〈程度不高〉
⑥ Nはどうですか(1)〈询问看法〉
⑦ あまり$A_Ⅰ$くないです／$A_Ⅱ$ではありません〈程度不高〉

ユニット2

① Nはどうでしたか〈询问过去的情况〉
② 形容词的敬体过去时
③ は〈対比〉
④ が〈转折〉
⑤ N_1もN_2も〈并列〉
⑥ Sよ〈主张、提示〉
⑦ Nのとき〈状态的时间〉
⑧ その〈指示〉
⑨ N_1はN_2でした〈名词谓语句的过去时〉
⑩ Nと同じ〈类同〉
⑪ N_1はN_2がAです〈主谓谓语句〉
⑫ Nはどうですか(2)〈建议〉

ユニット3

① 形容词的简体非过去时、过去时
② 名词谓语句的简体形式
③ 形容词的第二连用形（$A_Ⅰ$くて／$A_Ⅱ$で）
④ だから／ですから〈因果关系〉

第4課　日本語の勉強

ユニット1

日本語学習

（日語专业1年级学生，正在上基础日语课）

陳先生：みなさん、日本語は難しいですか。
黄　　：はい、とても難しいです。
陳先生：何が難しいですか。
黄　　：助詞が難しいです。
劉　　：「こそあど」も難しいです。
陳先生：でも、漢字は簡単ですね。
孫　　：そんなに簡単ではありません。
陳先生：そうですか。平仮名や片仮名は？
孫　　：平仮名や片仮名はやさしいです。
陳先生：日本語の発音はどうですか。
劉　　：発音もあまり難しくないです。でも、アクセントはちょっと難しいです。
陳先生：じゃあ、聞き取りは？
劉　　：教科書の録音は少し速いです。でも、だいたい大丈夫です。
陳先生：そうですか。今日の1時間目は聞き取りの試験です。
黄・劉・孫：ええ？！
孫　　：難しい試験ですか。
陳先生：はい、とっても難しい試験です。
黄・劉・孫：あー！

> 解説・音声

1. 形容詞非过去时

　　Ⅰ类形容词（简体）的声调绝大多数为⊖2型（起伏型），敬体形式（即形容词简体形式后接「です」）一律为⊖4型。例如：
　　しろい ② → しろいです ⊖4
　　おおきい ③ → おおきいです ⊖4
　　在Ⅰ类形容词当中只有为数不多的几个形容词如「赤い」「難しい」「明るい」「優しい」等，其连体形（即修饰名词等时的形式）的声调为平板型，其作谓语时为⊖2型。例如：
　　あかい → あかいたてもの → あかいです
　　むずかしい → むずかしいほん → むずかしいです
　　Ⅰ类形容词否定形式的声调也是有规律可循的，我们通过以下几个例子可以看出，Ⅰ类形容词为①型时，其否定形式（简体）的声调仍为①型；为其他型时，其否定形式的声调核（高读的最后一个假名）向前移动一个位置，例如「さむい」的声调核为「む」，变成否定形式后声调核前移一个位置，即为「さ」，因此「さむい」的否定形式应读成「さむくない①」。「～しい」形式的Ⅰ类形容词否定形式的声调有两种，一种是声调核前移一个位置，另一种是声调核不变。
　　よい ① → よくない（です）
　　さむい ② → さむくない（です）
　　さびしい ③ → さびしくない（です）／さびしくない（です）
　　なつかしい ④ → なつかしくない（です）／なつかしくない（です）
　　Ⅱ类形容词词干为平板型时，其敬体形式（Ⅱ类形容词词干后接「です」）为⊖2型；Ⅱ类形容词词干为起伏型时，将其变为敬体形式时声调不变，即「です」低读。
　　平板型：簡単 ⓪ → かんたんです ⊖2
　　　　　　丈夫 ⓪ → じょうぶです ⊖2
　　起伏型：きれい ① → きれいです
　　　　　　大丈夫 ③ → だいじょうぶです
　　平板型：簡単 ⓪ → かんたんでは・ありません
　　　　　　丈夫 ⓪ → じょうぶでは・ありません

第4課　日本語の勉強

起伏型：きれい ①　→　きれいでは・ありません
　　　　大丈夫 ③　→　だいじょうぶでは・ありません
（「ありません」的音高比前面略低）

解説・語彙

1. 副词「少し」「ちょっと」「だいたい」

　　这三个词都是程度副词。本课学习的「少し」和「ちょっと」意义相近，均表示事物、动作的数量较少，程度较低。相当于汉语的"少许、少量、一点、稍微、有点"等。「ちょっと」比「少し」更口语化。「だいたい」除了表示程度较低外，还可以表示"基本上，大致"的意思。例如：

(1) 教科書のCDは**少し**速いです。（教材的CD有点儿快。）
(2) この教室は**少し**大きいです。（这个教室有些大。）
(3) アクセントは**ちょっと**難しいです。（声调有点儿难。）
(4) 鈴木先生は**ちょっと**厳しいです。（铃木老师有些严厉。）
(5) 留学生活は**だいたい**大丈夫です。（留学生活基本上没有问题。）
(6) 学部生も留学生も入学の手続きは**だいたい**同じです。
　　（本科生和留学生的入学手续大致相同。）

2.「簡単」「やさしい」

　　在本课中，「簡単」和「やさしい」都表示"简单"的意思。

(1) 陳先生：でも、漢字は**簡単**ですね。（不过，汉字还是比较简单的吧。）
　　孫　　：そんなに**簡単**ではありません。（也没有那么简单）
(2) 平仮名や片仮名は**やさしい**です。（平假名、片假名什么的比较简单。）

　　「簡単」倾向于表示结构简单、清晰，「やさしい」则倾向于难度低，容易懂。

解説・文法

1. 形容词谓语句

意义：描述人或事物的性质状态。

说明：形容词做谓语的句子叫做"形容词谓语句"，从时态上分为非过去时和过去时，从语体上分为敬体和简体，并分别有肯定形式和否定形式。

2. 敬体与简体

日语的语体分敬体（丁寧体ていねいたい）和简体（普通体ふつうたい）两种，特征如下：

分类	特征	使用对象	其他使用场合
敬体	对对方表示敬意，语气恭敬、有礼貌	长辈、上级、客人、关系不太亲密的人等	口语的正式场合以及书信中
简体	语气随便，多用于与家人等的日常对话中	晚辈、下级以及关系亲近的人	论文、报告、日记等书面语中

3. 形容词的敬体非过去时

意义：描述人或事物现在的状态或恒常的性质。

说明：形容词的敬体非过去时的肯定形式和否定形式按照以下原则变化。否定形式中的助词「は」用来加强否定的语气。

类型	肯定形式	否定形式
Ⅰ类形容词	词典形＋です	词干＋く（は）ないです 词干＋く（は）ありません
Ⅰ类形容词	例：難しいです	例：難しく（は）ないです 　　難しく（は）ありません
Ⅱ类形容词	词干（词典形）＋です	词干＋ではありません 词干＋ではないです 词干＋じゃありません 词干＋じゃないです
Ⅱ类形容词	例：簡単です	例：簡単ではありません 　　簡単ではないです 　　簡単じゃありません 　　簡単じゃないです

第4課　日本語の勉強

> （1）日本語は**難しい**です。
> （2）漢字は**簡単**です。
> （3）日本語の発音は**難しくない**です。
> （4）漢字はそんなに**簡単ではありません**。

☞ I类形容词「いい」的敬体否定形式为「よくないです」或「よくありません」。

4. が〈主体（主语、疑问）〉

意义： 表示句子的主语。
接续： 名词＋が
说明： 疑问词做主语时，要用「が」表达未知的信息，回答也必须用「が」。

> （1）陳先生：何**が**難しいですか。
> 　　　黄　　：助詞**が**難しいです。
> （2）王　　：どれ**が**日本語の教科書ですか。
> 　　　高橋：それ**が**日本語の教科書です。
> （3）鈴木：どの方**が**先生ですか。
> 　　　劉　　：あの方**が**先生です。

5. そんなにA_Iくないです／A_{II}ではありません〈程度不高〉

意义： 表示程度并没有想象得那么高。
译文： 并不那么……
接续： そんなに＋否定的谓语形式

> （1）陳先生：でも、漢字は簡単ですね。
> 　　　孫　　：そんなに**簡単ではありません**。
> （2）会費はそんなに**高くないです**。
> （3）この本はそんなに**おもしろくありません**。

6. Nはどうですか（1）〈询问看法〉

意义： 用于询问对某事物的看法。
译文： 怎么样；如何

(1) 陳先生：日本語の発音はどうですか。
　　劉　　：発音もあまり難しくないです。
(2) 高　橋：英語はどうですか。
　　王　　：英語はやさしいです。
(3) 王　　：この本はどうですか。
　　鈴　木：とてもおもしろいです。

7. あまりA_Iくないです／A_{II}ではありません〈程度不高〉

意义：表示程度不高。

译文：不太……；不怎么……

接续：あまり＋否定的谓语形式

(1) 日本語の発音はあまり難しくないです。
(2) 英語はあまり簡単ではありません。
(3) あの映画はあまりおもしろくありません。

☞ 「そんなに～ない」一般用于表示事物的程度低于之前预想的程度，「あまり～ない」则不需要预设语境。例如：

(4) 〈听说某家餐馆的菜很好吃，品尝过后有些失望〉そんなにおいしくないですね。
(5) 〈来到餐馆就餐，品尝过后觉得不太满意〉あまりおいしくないですね。

解説・表現

1. ええ？

功能：表示怀疑、吃惊等。

译文：什么？

说明：要读升调。

第4課　日本語の勉強

2. とっても

功能：用于加强语气，是「とても」的强调形式。
译文：非常
说明：只用于口语。

練　習

A　课文理解练习

请在符合课文内容的（　）中画〇，不符合的画×。

(1) （　）日本語はやさしいです。
(2) （　）平仮名や片仮名は難しいです。
(3) （　）漢字はあまり難しくないです。
(4) （　）日本語のアクセントはとても難しいです。
(5) （　）教科書のCDはあまり速くないです。

B　基础练习

参考例句，完成句子。

1. 例1　この部屋／明るい → **この部屋は明るいです。**
   例2　大学のキャンパス／きれい → **大学のキャンパスはきれいです。**

   (1) 日本語の発音／やさしい　　(2) この教科書／いい
   (3) この教室／広い　　　　　　(4) その映画／おもしろい
   (5) 英語の文法／簡単　　　　　(6) 図書館／静か
   (7) バス／便利　　　　　　　　(8) 大学の体育館／立派

2. 例　どれ・会議室の鍵／これ
   → A：どれが会議室の鍵ですか。
   　　B：これが会議室の鍵です。

(1) どの人・鈴木さん／王さんの前の人
(2) どの食堂・きれい／留学生食堂
(3) 何・おもしろい／ゲーム
(4) 誰・マリーさんの恋人／張さん

3. 例1　学生食堂の料理／おいしい／（○）
　　　→ A：学生食堂の料理はおいしいですか。
　　　　 B：はい、とてもおいしいです。

　　例2　日本語の漢字／簡単／（×）
　　　→ A：日本語の漢字は簡単ですか。
　　　　 B：いいえ、そんなに簡単ではありません。

(1) 留学生／多い／（○）　　(2) 大学／遠い／（×）
(3) バス／便利／（○）　　　(4) この大学の法学部／有名／（×）

4. 例　教科書のCD／少し・速い
　　　→ A：教科書のCDはどうですか。
　　　　 B：少し速いです。

(1) その辞書／少し・古い　　(2) あのコンピューター／とても・便利
(3) 大学生活／とても・楽しい　(4) 寮の部屋／少し・狭い

5. 例1　日本語／難しい
　　　→ A：日本語は難しいですか。
　　　　 B：いいえ、あまり難しくないです。

　　例2　日本語の助詞／複雑
　　　→ A：日本語の助詞は複雑ですか。
　　　　 B：いいえ、あまり複雑ではありません。

(1) 大学／遠い　　　　(2) 張先生／厳しい
(3) 寮の部屋／暑い　　(4) 北京／寒い
(5) 漢字／簡単　　　　(6) この作家／有名
(7) 食堂／静か　　　　(8) 勉強／大変

第4課　日本語の勉強

C　会话练习

请和你的同伴想象一个具体场景，仿照例子练习对话。

1. 谈论大学的学习、生活情况

　　Ａ：大学の＿＿＿＿はどうですか。
　　Ｂ：とても＿＿＿＿です。
　　Ａ：そうですか。

> 例　Ａ：大学の勉強はどうですか。
> 　　Ｂ：とても楽しいです。
> 　　Ａ：そうですか。

D　拓展练习

任务：用形容词描述事物或人物。
目标：学习使用形容词。
步骤：两人一组，讨论下列话题，一方询问，另一方回答。

> （1）大学の図書館　　　　（2）大学の食堂
> （3）寮の部屋　　　　　　（4）故郷の町
> （5）日本語の授業　　　　（6）大学の勉強
> （7）大学生活　　　　　　（8）自选话题

広い、狭い、うるさい、多い、少ない、おいしい、まずい、高い、安い、明るい、暗い、汚い、寒い、暑い、やさしい、難しい、楽しい、つまらない、大きい、小さい、新しい、古い、おもしろい、かわいい、厳しい、かっこいい
静か、便利、不便、きれい、にぎやか、複雑、簡単、りっぱ、大変、親切

日本人的姓名

　　日本人的姓名绝大多数是用汉字表示的，姓在前，名在后，继承父姓，世代相传。日本女子结婚后通常改随夫姓，但近些年来也有不少人提倡女性婚后不改姓。

　　在古代，农民和一般的城市居民是没有姓的，只有贵族、武士等上层人物才有。姓在当时被认为是身份地位的象征，是特权阶级的一种世袭称呼，类似爵位。直到1898年，日本政府为了征役课税，颁布了户籍法，普通百姓才有了姓。

　　日本人的姓一般由1至5个字组成，其中以两个字居多，名字也多为两个字，因此日本人的姓名往往是4个字。据统计，日本人的姓超过10万个，这在世界各民族中是绝无仅有的。常见的姓有40多个，居前10位的是「佐藤（サトウ）、鈴木（スズキ）、高橋（タカハシ）、田中（タナカ）、伊藤（イトウ）、渡辺（ワタナベ、ワタベ）、山本（ヤマモト）、中村（ナカムラ）、小林（コバヤシ、オバヤシ）、加藤（カトウ）」（2021年3月），其中的「佐藤」「鈴木」和「高橋」被称为日本的三大姓。

　　日本姓氏的来源很有意思，地名、家世、职业、工具、寺名、居住环境、动植物名、贵族武士的封名都成为当时人们择姓的依据，例如房前有棵松树就叫「松下（まつした）」，住处的四周都是稻田就叫「田中（たなか）」，有的延用古代武士的姓，叫做「酒井（さかい）」。在名字方面，女子名中大家比较熟悉的是「子（こ）」，如「恵子（けいこ）、雅子（まさこ）、美智子（みちこ）」；男子名中出现较多的汉字是「郎、夫、雄、男」，如「太郎（たろう）、康夫（やすお）、靖雄（やすお）、国男（くにお）」。日本人姓名的读音复杂多样，同形异音的现象随处可见，不加注意就很容易读错。读错对方的姓名是一件不礼貌的事，因此，遇到不会读或不知读哪个音才正确的时候，一定要向对方询问或进行确认。

第4課　日本語の勉強

ユニット2

相互学習

（小王和高桥在校园里聊天）

高橋：王さん、昨日の試験はどうでしたか。
王　：そうですねえ、「日本史」は難しくなかったですが、「翻訳」は大変でした。高橋さんの中国語の授業はどうでしたか。
高橋：そうですねえ、読解は大丈夫でしたが、発音はとても難しかったです。聞き取りの宿題も簡単じゃありませんでした。中国語は聞き取りも発音もとても難しいですね。
王　：そうですか。日本語も難しいですよ。
高橋：王さんの日本語は本当に上手ですよ。
王　：いいえ、まだまだ下手です。でも、1年生のときの相互学習はとてもよかったです。相手の人は今でもいい友達です。
高橋：その人は今、日本ですか。
王　：ええ。1年間の交換留学生でした。名前は三保さんです。
高橋：美穂さんですか。私と同じ名前ですね。
王　：いえ、三保健介さんです。男性ですよ。
高橋：ああ、そうですか。王さん、私の「みほ」は「み」が高いですが、三保さんの「みほ」は「ほ」が高いですよ。
王　：あ、そうですか。すみません。日本語はアクセントが難しいですね。
　　　高橋さん、私たちも、相互学習はどうですか。
高橋：あ、いいですね。ぜひお願いします。

解説・音声

1. 形容词过去时

Ⅰ类形容词

よい ① → よかった（です）
さむい ② → さむかった（です）
さびしい ③ → さびしかった（です）／さびしかった（です）
なつかしい ④ → なつかしかった（です）／なつかしかった（です）

よい ① → よく・なかった（です）
さむい ② → さむく・なかった（です）
さびしい ③ → さびしく・なかった（です）／さびしく・なかった（です）
なつかしい ④ → なつかしく・なかった（です）／なつかしく・なかった（です）

Ⅱ类形容词

平板型：簡単 ⓪ → かんたんでした
　　　　丈夫 ⓪ → じょうぶでした
起伏型：きれい ① → きれいでした
　　　　大丈夫 ③ → だいじょうぶでした
平板型：簡単 ⓪ → かんたんでは・ありませんでした
　　　　丈夫 ⓪ → じょうぶでは・ありませんでした
起伏型：きれい ① → きれいでは・ありませんでした
　　　　大丈夫 ③ → だいじょうぶでは・ありませんでした
　　　　（「ありませんでした」的音高比前面略低）

第4課　日本語の勉強

> 解説・語彙

1. 翻訳

「翻訳」在日语中通常指"笔译"，汉语里的"口译"日语是「通訳（つうやく）」。

2. 相互学習

「相互学習」指说两种不同语言的人结成语伴，互相教对方语言，同时又跟对方学习语言的一种学习形式。

> 解説・文法

1. Nはどうでしたか〈询问过去的情况〉

意义：用于询问过去发生的事情的结果或情形。

说明：「どうでしたか」是「どうですか」的过去时。

(1) 王さん、昨日の試験はどうでしたか。
(2) 一年生の時の相互学習はどうでしたか。
(3) 今日の天気（てんき）はどうでしたか。

2. 形容词的敬体过去时

意义：表示过去的性质或状态。

类型	肯定形式	否定形式
Ⅰ类形容词	词干＋かったです	词干＋く（は）なかったです 词干＋く（は）ありませんでした
	例：難しかったです	例：難しく（は）なかったです 　　難しく（は）ありませんでした
Ⅱ类形容词	词干＋でした	词干＋ではありませんでした 词干＋じゃありませんでした 词干＋ではなかったです 词干＋じゃなかったです

（续表）

类型	肯定形式	否定形式
Ⅱ类形容词	例：簡単でした	例：簡単ではありませんでした 簡単じゃありませんでした 簡単ではなかったです 簡単じゃなかったです

(1)「日本史」は**難しくなかった**です。
(2) 読解の授業は**大丈夫でした**。
(3) 聞き取りの宿題も**簡単じゃありませんでした**。

☞ 注意形容词「よい」和「いい」在使用上的关联：「いい」没有活用变化，它只有敬体和简体的非过去时的肯定形式，因此，当它需要活用变化时必须使用「よい」这一形式，例如：

(4) 1年生の時の相互学習はとても**よかった**です。
(5) 天気は**よくなかった**です。

3. は〈対比〉

意义：表示对比。
说明：将两个事物进行对比时，要比较的事物用助词「は」提示。多使用「・は・が、・は～」的句式。

(1)「日本史」**は**難しくなかったですが、「翻訳」**は**大変でした。
(2) 私の「みほ」**は**「み」が高いですが、三保さんの「みほ」**は**「ほ」が高いですよ。
(3) 入学**は**簡単ですが、卒業**は**難しいです。
(4) 姉**は**医者ですが、兄**は**公務員です。

4. が〈转折〉

意义：表示两个分句间的转折关系。
译文：但是；不过
接续：两个分句之间

第4課　日本語の勉強

(1)「日本史」は難しくなかったです**が**、「翻訳」は大変でした。
(2) 読解は大丈夫でした**が**、発音はとても難しかったです。
(3) 副会長は２年生です**が**、会長は４年生です。

5. N₁もN₂も〈并列〉

意义：表示并列。
译文：N₁和N₂都……
接续：名词₁＋も＋名词₂＋も

(1) 中国語は聞き取り**も**発音**も**とても難しいですね。
(2) 陳先生**も**呉先生**も**京華大学の先生です。
(3) 高橋さん**も**鈴木さん**も**留学生です。

6. Sよ〈主张、提示〉

意义：表示说话人的主张、提示、叮嘱等。
接续：用于句尾
说明：语气词「よ」用于句尾时，一般表示传递的信息是听话人未掌握的。

(1) 日本語も難しいです**よ**。
(2) 王さんの日本語は本当に上手です**よ**。
(3) 今日は月曜日じゃありません。火曜日です**よ**。

7. Nのとき〈状态的时间〉

意义：表示时间（时点或时段）。
译文：……的时候；……时
接续：名词＋のとき
说明：「Nのとき」在句中既可以做时间状语，也可以后接「の」做连体修饰语。

(1) １年生**のとき**の相互学習はとてもよかったです。
(2) 大学創設**のとき**は、まだ［还］学部は少なかったです。
(3) 王さんと李さんは高校**のとき**の友達です。

8. その〈指示〉

意义：连体词「その」除了可以指示距离听话人近的事物以外，还可以用来指示刚才的谈话或前文中涉及的、只有一方了解的人或事物。

译文：那个……

接续：その＋名词

> (1) 王　　：相手の人は今でもいい友達です。
> 　　高橋：**その**人は今、日本ですか。
> (2) 一年生の時の先生は田中先生でした。**その**先生はとても厳しかったです。
> (3) 王　：高橋さんは私の友達です。
> 　　趙　：**その**方も京華大学の語学留学生ですか。

☞ 注意如果是指示双方都了解的人或事物，则要用「あの」（详见第6课第2单元）。「それ」和「あれ」、「そこ」和「あそこ」、「そんな」和「あんな」的用法也具有同样的区别。

9. N₁はN₂でした〈名词谓语句的过去时〉

意义：名词N₂说明主语N₁过去的性质、属性。

译文：N₁（曾）是N₂

说明：「でした」是判断词「です」的过去时。「です」的否定形式「ではありません」的过去时是「ではありませんでした」。

> (1) （三保さんは）1年間の交換留学生**でした**。
> (2) 昨日の午後は「日本史」の試験**でした**。
> (3) 母は医者**でした**。
> (4) 今日はとてもいい一日**でした**。
> (5) 二人は同じ大学**ではありませんでした**。

10. Nと同じ〈类同〉

意义：表达二者相同。

译文：与……相同

说明：「同じ」修饰名词时，一般不用「同じな」的形式，而是由词干直接修饰。

> (1) 美穂さんですか。私と同じ名前ですね。
> (2) 李さんは私と同じクラスです。
> (3) 法学部は経済学部と同じ建物です。

同样的意思还可以用以下形式表示。

> (4) 妹は私と小学校が同じです。
> (5) 李さんは私とクラスが同じです。

11. N_1はN_2がAです〈主谓谓语句〉

说明：该句中「は」表示的是全句的主语（又称大主语），它也是该句的话题；谓语部分是对话题的说明，表示话题所指的事物整体所具有的特征，其主语（又称小主语）用「が」表示。这样的句式称为"主谓谓语句"。
大主语和小主语之间一般为整体与部分或主体与侧面的关系。

> (1) 日本語はアクセントが難しいです。
> (2) 私は英語が下手です。
> (3) この会は会費が高いです。

☞ 主谓谓语句中「N_1は」和「N_2が」之间是整体与部分或主体与侧面的关系，所以它们之间的关系一般可以用「N_1のN_2」来表示。但是这样改写过的句子就不是主谓谓语句，而是一般的形容词谓语句，这时主语要用「は」表示。主谓谓语句是一种全景式的描写，而一般的形容词谓语句则是聚焦式的描写。例如：

> (4) 日本語のアクセントは難しいです。
> (5) 私の英語は下手です。
> (6) この会の会費は高いです。

12. Nはどうですか(2)〈建议〉

意义：表示建议。
译文：……怎么样；……如何
说明：N表示建议的内容。

(1) 王　　：高橋さん、私たちも、相互学習はどうですか。
　　高橋：ぜひお願いします。
(2) 鈴木：6時はどうですか。
　　高橋：はい、大丈夫です。
(3) 高橋：コーヒーはどうですか。
　　王　　：いえ、けっこう［不要，不用］です。

解説・表現

1. いいえ、まだまだ下手です

功能：用于回应对方的夸奖，表示谦虚。
译文：我还差得很远呢

2. 相手の人は今でもいい友達です

功能：表示自己与对方现在关系仍然很好。
译文：我与语伴现在仍是好朋友
说明：这里的「今でも」相当于"现在也……""即使是现在仍然……"。

3. いいですね

功能：用于表示赞同。
译文：真是太好了

4. ぜひお願いします

功能：用于比较强烈地请求对方做某事。
译文：拜托你（一定这样做）

第4課　日本語の勉強

練　習

A 课文理解练习

请在符合课文内容的（　）中画〇，不符合的画×。

(1) （　）中国語は発音が難しいです。
(2) （　）中国語の宿題はやさしかったです。
(3) （　）王さんの日本語は上手です。
(4) （　）三保さんの「みほ」と美穂さんの「みほ」はアクセントが同じです。
(5) （　）中国語と日本語の相互学習はいい考えです。

B 基礎練習

参考例句，完成句子。

1. 例1　難しい→難しかったです→難しくないです→難しくなかったです
   例2　簡単→簡単でした→簡単ではありません→簡単ではありませんでした

   (1) 大きい　　　(2) 高い　　　(3) 広い
   (4) やさしい　　(5) 新しい　　(6) おもしろい
   (7) おいしい　　(8) いい　　　(9) 便利
   (10) きれい　　 (11) 静か　　 (12) 親切

2. 例1　昨日の試験／難しい
   　　　→A：昨日の試験はどうでしたか。
   　　　　 B：難しかったです。
   例2　高校の体育館／立派
   　　　→A：高校の体育館はどうでしたか。
   　　　　 B：立派でした。

   (1) 昨日の試験／やさしい　　　(2) 高校の食堂／きれい
   (3) 先週のパーティー／にぎやか　(4) 昨日の公園の散歩／楽しい

3. 例1　映画／おもしろい
　　　→ A：昨日の映画はどうでしたか。
　　　　　B：あまりおもしろくなかったです。
　　例2　試験／簡単
　　　→ A：先週の試験はどうでしたか。
　　　　　B：あまり簡単ではありませんでした。

(1) 高校の食堂／おいしい　　　　　(2) 高校の図書館／立派
(3) 昨日／寒い　　　　　　　　　　(4) 先週の宿題／大変

4. 例　このかばん／あのかばん／高い
　　　→　このかばんは高いですが、あのかばんは高くないです。

(1) 1階の部屋／2階の部屋／広い
(2) 歴史の本／国語の本／新しい
(3) 李さん／私／英語が上手
(4) あの大学／私の大学／留学生が多い

5. 例　大学の生活／たいへん／楽しい
　　　→ A：大学の生活はどうですか。
　　　　　B：たいへんですが、楽しいです。

(1) 日本語の勉強／難しい／おもしろい　　(2) 学生寮／狭い／きれい
(3) 新しいキャンパス／遠い／広い　　　　(4) そのバス／安い／不便

6. 例　王さん／高橋さん（×）／一人っ子
　　　→ A：王さんも高橋さんも一人っ子ですか。
　　　　　B：いいえ、王さんは一人っ子ですが、高橋さんは一人っ子ではありません。

(1) 図書館／食堂（×）／静か
(2) 陳先生／呉先生（×）／日本語の先生
(3) 高橋さん／鈴木さん（×）／語学留学生
(4) 木曜日／金曜日（×）／7時50分まで
(5) 呉先生／林先生（×）／厳しい

第4課　日本語の勉強

7. 例　京華大学／いい
　　　→ A：**京華大学**はどうですか。
　　　　 B：とても**いい**ですよ。

> （1）食堂の料理／おいしい　　　（2）大学の生活／楽しい
> （3）北京／広い　　　　　　　　（4）学生寮／きたない

8. 例　高校／勉強がたいへん
　　　→ **高校**のとき、**勉強がたいへん**でした。

> （1）子ども／家が狭い　　　　　（2）小学校／絵が上手
> （3）中学／友達が少ない　　　　（4）学生／家が遠い

9. 例　王　：相手の人は今でもいい友だちです。
　　　高橋：（この／その／あの）人は今、日本ですか。
　　　王　：ええ。

> （1）王　：昨日の映画はおもしろかったです。
> 　　 高橋：（この／その／あの）映画のタイトルは何ですか。
> 　　 王　：「ラスト・エンペラー」です。
> （2）高橋：私は「遣唐使の会」のメンバーです。
> 　　 王　：（これ／それ／あれ）は留学生のサークルですか。
> 　　 高橋：ええ。
> （3）王　：中国飯店はおいしいですよ。
> 　　 高橋：（ここ／そこ／あそこ）は高いですか。
> 　　 王　：いいえ、高くないですよ。
> （4）王　：中国飯店はおいしいですね。
> 　　 高橋：そうですね。でも（ここ／そこ／あそこ）は高いですね。
> 　　 王　：そうですね。

10. 例　兄／父／大学　→ **兄**は**父**と同じ**大学**です。

> （1）李さん／張さん／クラス　　（2）兄の恋人／母／名前
> （3）妹／私／部屋　　　　　　　（4）郵便局／銀行／建物

11. 例　日本語／アクセント／難しい
　　　→日本語はアクセントが難しいです。

(1) この部屋／窓／小さい　　　　(2) あの人／髪／長い
(3) この大学／留学生／多い　　　(4) 大学の寮／トイレ／広い
(5) 留学生食堂／コーヒー／おいしい

12. 例　コーヒー／いいですね
　　　→A：コーヒーはどうですか。
　　　　B：いいですね。

(1) 日曜日の午後／大丈夫です　　(2) おすし／いいえ、けっこうです
(3) 相互学習／ぜひお願いします　(4) ギョーザ／いいですよ

C　会話練習

请和你的同伴想象一个具体场景，仿照例子练习对话。

1. 谈论过去发生的事情

　　A：高校の生活はどうでしたか。
　　B：＿＿＿が、＿＿＿です。

例　A：高校の生活はどうでしたか。
　　B：勉強は大変でしたが、楽しかったです。

2. 谈论日语学习相关问题

　　A：Bさんは日本語が上手ですね。
　　B：いいえ、まだまだ下手です。でも、＿＿＿。

例　A：Bさんは日本語が上手ですね。
　　B：いいえ、まだまだ下手です。でも、日本語の教科書はとてもおもしろいです。

第4課　日本語の勉強

D　拓展练习

任务：和你的同学互相询问过去的生活。
目标：学习谈论过去的事情。
方法：两人一组，仿照例子，互相询问过去发生的事情。
活动卡片例

	質問	答え
子どものとき		
小学校のとき		
中学校のとき		
高校のとき		

> 例
> A：Bさん、子どもの時、Bさんのお母さんは厳しかったですか。
> B：母は厳しかったです／やさしかったですよ。
> A：お父さんはどうでしたか。
> B：そうですね。父はやさしかったですね／ちょっと厳しかったです。

日语中的常用汉字

　　1981年10月1日，日本政府颁布了《常用汉字表》，规定了用于法令、公文、报纸、杂志等一般社会生活的规范用字，共1945个字。2010年11月，日本政府对《常用汉字表》进行了修订，新增了196个汉字，删除了不常用的5个汉字，新的《常用汉字表》共计2136个字。但实际上用于人名、地名及各专业领域的汉字要远远多于此数目。《常用汉字表》规定了汉字的规范读音和写法，此外还有介绍假借字（当て字）和复合词训读法（熟字訓）的附表。

ユニット3

高橋さんの日記

　留学生活３週目。最初の１週間は大変だった。引越し、いろいろな手続き、買い物、履修登録……。忙しかった！　今はだいたい大丈夫だ。

　先週は中国語授業の第１週だった。宿題はとても多くて、そんなに簡単ではなかった。中国語の発音は難しかったが、漢字はあまり難しくなかった。でも、日本と中国の漢字は同じではない。だから、注意が必要だ。

　私の担任の先生は林先生だ。林先生はとてもやさしい。教科書はおもしろくないが、授業は楽しい。

　中国人の友達はみんないい人たちだ。特に王さんと趙さんは親切だ。王さんは明日から私の相互学習のパートナーだ。王さんは礼儀正しくて日本語も上手だ。（でも、残念ながらイケメンではない。あ、王さん、ごめんなさい。）

第4課　日本語の勉強

解説・音声

1. Ⅱ类形容词简体活用形的声调

时态	肯定形式	否定形式
非过去时	平板型：簡単⓪ → か**んたんだ** 　　　　丈夫⓪ → じょ**うぶだ** 起伏型：きれい① → **き**れいだ 　　　　大丈夫③ → だい**じょ**うぶだ	平板型：簡単⓪ → か**んたんでは**・ない 　　　　丈夫⓪ → じょ**うぶでは**・ない 起伏型：きれい① → **き**れいでは・ない 　　　　大丈夫③ → だい**じょ**うぶでは・ない （「ない」的音高比前面略低）
过去时	平板型：簡単⓪ → か**んたんだった** 　　　　丈夫⓪ → じょ**うぶだった** 起伏型：きれい① → **き**れいだった 　　　　大丈夫③ → だい**じょ**うぶだった	平板型：簡単⓪ → か**んたんでは**・なかった 　　　　丈夫⓪ → じょ**うぶでは**・なかった 起伏型：きれい① → **き**れいでは・なかった 　　　　大丈夫③ → だい**じょ**うぶでは・なかった （「なかった」的音高比前面略低）

解説・文法

1. 形容词的简体非过去时、过去时

1）Ⅰ类形容词的简体形式

下表是Ⅰ类形容词的简体非过去时、过去时的形式（与敬体对照）：

时态	简体		敬体	
	肯定形式	否定形式	肯定形式	否定形式
非过去时	難しい	難しく（は）ない	難しいです	難しく（は）ないです 難しく（は）ありません
过去时	難しかった	難しく（は）なかった	難しかったです	難しく（は）なかったです 難しく（は）ありませんでした

(1) 引っ越し、いろいろな手続き、買い物、履修登録……。**忙しかった**！
(2) 中国語の発音は**難しかった**が、漢字はあまり**難しくなかった**。
(3) 林先生はとても**やさしい**。
(4) 教科書は**おもしろくない**が、授業は**楽しい**。

2) Ⅱ类形容词的简体形式

下表是Ⅱ类形容词的简体非过去时、过去时的形式（与敬体对照）：

时态	简体		敬体	
	肯定形式	否定形式	肯定形式	否定形式
非过去时	簡単だ	簡単ではない 簡単じゃない	簡単です	簡単ではありません 簡単じゃありません
过去时	簡単だった	簡単ではなかった 簡単じゃなかった	簡単でした	簡単ではありませんでした 簡単じゃありませんでした 簡単ではなかったです 簡単じゃなかったです

(1) 最初の１週間は**大変だった**。
(2) 今、生活は**大丈夫だ**。
(3) 宿題は**簡単ではなかった**。
(4) 日本と中国の漢字は**同じではない**。

☞ 注意形容词谓语疑问句的简体形式（与敬体对照）：

発音は難しいですか。　→　○発音は難しい？　　×発音は難しいだか。
宿題は簡単ですか。　　→　○宿題は簡単？　　　×宿題は簡単だか。

2. 名词谓语句的简体形式

下表是名词谓语句简体的非过去时、过去时形式（与敬体对照）：

时态	简体		敬体	
	肯定形式	否定形式	肯定形式	否定形式
非过去时	学生だ	学生ではない 学生じゃない	学生です	学生ではありません 学生じゃありません
过去时	学生だった	学生ではなかった 学生じゃなかった	学生でした	学生ではありませんでした 学生じゃありませんでした 学生ではなかったです 学生じゃなかったです

第4課　日本語の勉強

(1) 先週は中国語授業の第1週だった。
(2) 私の担任の先生は林先生だ。
(3) 李さんは日本語学科の学生ではない。
(4) 1時間目は英語の授業ではなかった。

☞ 注意名词谓语疑问句的简体形式（与敬体对照）：
李さんは一年生ですか。　→○李さんは一年生？　×李さんは一年生だか。

3. 形容词的第二连用形（A_Iくて／A_{II}で）

形容词的连用形有第一连用形和第二连用形两种形式，其中第二连用形用于谓语或分句的并列，其构成方式是：
① Ⅰ类形容词词干＋くて　　例：難しい　→　難しくて
② Ⅱ类形容词词干＋で　　　例：簡単　　→　簡単で

(1) 宿題はとても**多くて**、そんなに簡単ではなかった。
(2) 大学は**広くて**、学生も多いです。
(3) 中国人の友達は**親切で**、みんないい人たちだ。
(4) ここは**静かで**、とても便利だ。

☞ 形容词第一连用形的用法见第6课第3单元。

4. だから／ですから〈因果关系〉

意义：表示因果关系，即前面的句子表示原因，后面的句子表示由该原因引起的结果。
译文：因此……；所以……
接续：用于两个句子之间。敬体的句子中用「ですから」。

(1) 日本と中国の漢字は同じではない。**だから**、注意が必要だ。
(2) この部屋は狭くて古い。**だから**、安い。
(3) 友達はみんな親切な人です。**ですから**、生活は大丈夫です。

解説・表現

1. ごめんなさい

功能：用于表示歉意。

译文：对不起

说明：一般不对长辈和上级使用。亲近的人之间可以说「ごめん」。

練習

A 课文理解练习

请在符合课文内容的（　）中画○，不符合的画×。

(1) （　）最初の1週間は大変だったが、今、生活はだいたい大丈夫だ。
(2) （　）中国語の授業の第1週の宿題はあまり多くなかった。
(3) （　）中国語は発音も漢字も難しい。
(4) （　）日本と中国の漢字は同じだ。
(5) （　）中国語の教科書はおもしろくない。
(6) （　）中国人の友達は親切だ。
(7) （　）王さんは親切で、礼儀正しいです。

B 基础练习

参考例句，完成句子。

1. 例　高いです→高い→高くない→高かった→高くなかった
　　　簡単です→簡単だ→簡単ではない→簡単だった→簡単ではなかった
　　　学生です→学生だ→学生ではない→学生だった→学生ではなかった

(1) 狭いです　　(2) 厳しいです　　(3) 忙しいです
(4) 長いです　　(5) よいです　　　(6) 近いです
(7) 悪いです　　(8) 新しいです　　(9) 上手です

第4課　日本語の勉強

(10) 残念です　　　(11) 親切です　　　(12) 元気です
(13) 先生です　　　(14) 英語の授業です
(15) 相互学習のパートナーです

2. **例**　宿題／多い／難しい　→　**宿題は多くて、難しい。**

(1) この部屋／広い／明るい
(2) このレストランの料理／安い／おいしい
(3) 李さん／おもしろい／親切
(4) 大学の食堂／きれい／便利

3. 李さんは歴史学部の学生です。　　　　だから、毎日楽しいです。
   教科書はおもしろいです。　　　　　　だから、日本語はまだ下手です。
   あの大学は小さいです。　　　　　　　だから、授業は楽しいです。
   木村さんは中国語学部の学生です。　　だから、学生が少ないです。
   私は一年生です。　　　　　　　　　　だから、中国語が上手です。
   大学の友達はみんな親切です。　　　　だから、歴史の本が多いです。

C　拓展练习

1. 归纳高桥日记的主要内容，填写任务单。

生活	
勉強	
人	

2. 写一篇日记，记录一下你这一个月的大学生活。

第5課　高橋さんの留学生活

学习目标

1. 能够用日语简单描述日常生活中的习惯。
2. 能够用日语与朋友约定时间。

语法学习要点

ユニット1
① 动词
② 动词的类型
③ 动词的敬体（肯定、否定）
④ 动词的非过去时〈习惯、反复〉
⑤ を〈客体〉
⑥ で〈处所〉
⑦ 表示频率的时间副词与名词
⑧ で〈工具、手段〉
⑨ が〈主体〉
⑩ 自动词和他动词

ユニット2
① 动词的非过去时〈将来〉
② Nのあと（で）〈先后顺序〉
③ に〈目的地〉
④ とか〈举例〉
⑤ を〈出发点〉
⑥ に〈时间点〉

ユニット3
① 动词的简体（肯定、否定）
② あまり/全然～ない〈动作频率〉

第5課　高橋さんの留学生活

ユニット1

スマートフォン

（晩饭后，王、李与高桥、铃木闲聊）
高橋：みなさんはどこでお菓子や果物を買いますか。
李　：僕はほとんどネットショッピングです。
王　：僕もそうです。
高橋：ネットは便利ですね。
李　：ええ、僕はよくスマホのアプリで本やお菓子などを買います。
王　：僕も。ときどきスマホでデリバリーも注文します。
鈴木：僕はいつもスマホでサッカーの試合を見ます。
王　：僕はほとんど毎日日本語のニュースを聞きます。
高橋：そうですか。ふだんのやりとりは？　SNSですか。
李　：ええ、SNSは毎日使います。
高橋：メールも？
王　：メールはほとんど使いません。SNSで連絡します。
鈴木：でも、宿題はメールで提出します。
高橋：授業中もスマホを使いますか。
李　：ええ、単語を調べます。でもたまに電話が鳴ります。
高橋：先生は怒りませんか。
王　：もちろん怒りますよ。

解説・音声

1. Vます

无论动词为何种声调，「Vます」一律读成⊖2型。

買う ⓪→かいます ⊖2　　　行く⓪→いきます ⊖2
読む ①→よみます ⊖2　　　書く①→かきます ⊖2
作る ②→つくります ⊖2　　集める③→あつめます ⊖2

2. Vません

无论动词为何种声调，「Vません」一律读成⊖2型。

買う ⓪→かいません ⊖2　　行く⓪→いきません ⊖2
読む ①→よみません ⊖2　　書く①→かきません ⊖2
作る ②→つくりません ⊖2　集める③→あつめません ⊖2

解説・語彙

1. 〜中（ちゅう）

「中（ちゅう）」是后缀，一般接在动作性名词等的后面，表示某一动作或状态正在进行或持续。相当于汉语的"正在……""在……之中"的意思。例如：

> (1) たまに授業**中**に電話が鳴ります。（上课时偶尔电话会响。）
> (2) その本は今、翻訳**中**です。（那本书我正在翻译。）
> (3) 先生は会議**中**です。（老师正在开会。）

第5課　高橋さんの留学生活

> 解説・文法

1. 动词

意义：表示动作、变化、状态、存在等。

说明：日语的动词在句子中做谓语或做连体修饰语，与形容词一样，具有活用变化。动词具有时、体、态、语体、肯定否定等语法范畴。

2. 动词的类型

日语的动词根据形态及活用方式的不同可以进行如下分类：

动词分类		词典形（基本形）	词例	旧称
规则变化动词	Ⅰ类动词	以"u"结尾	書く、読む	五段活用动词
	Ⅱ类动词	以"(i)ru"或"(e)ru"结尾	見る、集める	一段活用动词
不规则变化动词	Ⅲ类动词	来る	来る	カ行变格活用动词＝カ变动词
		する	a. する b. 電話する、勉強する、運動する、チェックする	サ行变格活用动词＝サ变动词

3. 动词的敬体（肯定、否定）

日语的动词与形容词一样也有敬体和简体之分，动词的词典形是其简体形式的一种。动词添加后缀「ます」后，可以变为敬体（非过去），变化规则如下：

动词类别	词典形⇒敬体（肯定形式）	词典形⇒敬体（否定形式）
Ⅰ类动词	词尾「う」段假名→「い」段假名＋「ます」 かく→ かき＋ます＝かきます よむ→ よみ＋ます＝よみます	词尾「う」段假名→「い」段假名＋「ません」 かく→ かき＋ません＝かきません よむ→ よみ＋ません＝よみません
Ⅱ类动词	词尾「る」→词尾「る」＋「ます」 みる→ みる＋ます＝みます あつめる→ あつめる＋ます＝あつめます	词尾「る」→词尾「る」＋「ません」 みる→ みる＋ません＝みません あつめる→ あつめる＋ません＝あつめません
Ⅲ类动词	くる→ き＋ます＝きます する→ し＋ます＝します	くる→ き＋ません＝きません する→し＋ません＝しません

☞ 动词敬体形式「Vます」去掉「ます」后的词形，如「かき、よみ」等称作动词第一连用形。动词第一连用形可以后续助词、动词等构成句型，也可用于并列小句中，表示动作的并列、先后顺序等（参见第9课第3单元）。

4. 动词的非过去时〈习惯、反复〉

意义：表示经常性、习惯性、反复性的动作。

说明：常与表示动作频率的副词或时间名词一起使用。

（1）みなさんはどこでお菓子や果物を**買います**か。
（2）李さんはよくネットショッピングを**します**か。
（3）王さんは毎日日本語のニュースを**聞きます**。

5. を〈客体〉

意义：表示动作的客体。

接续：名词＋を

（1）お菓子**を**買います。
（2）メール**を**送ります。
（3）私は毎日新聞**を**読みます。
（4）私はコーヒー**を**飲みません。

☞ 当以客体为话题时，可以用助词「は」或「も」替代「を」来提示。

（5）新聞を読みます。ニュース**も**聞きます。
（6）SNS**は**使いますが、メール**は**ほとんど使いません。

6. で〈处所〉

意义：表示动作、行为进行的处所。

译文：在……；于……

接续：表示处所的名词＋で

（1）みなさんはどこ**で**お菓子や果物を買いますか。
（2）私は近くの売店**で**お菓子を買います。
（3）毎日、図書館**で**本や雑誌などを読みます。

第5課　高橋さんの留学生活

7. 表示频率的时间副词与名词

意义：表示动作、状态发生的频率。

说明：与动词的非过去时呼应使用时，用于表示该动作、状态反复出现的频率，本单元以及本课第3单元出现的几个词语，可以按照频率高低归纳如下：

动作、状态的频率

低 ←――――――――――――――――――→ 高

全然～ません　ほとんど～ません　あまり～ません　たまに　ときどき　よく　まいにち／いつも

(1) メールは**ほとんど**使い**ません**。
(2) 授業中、**たまに**電話が鳴ります。
(3) **ときどき**、宅配便（たくはいびん）もデリバリーも利用します。
(4) 僕は**よく**小説を読みます。
(5) 鈴木さんは**毎日**中国の新聞を読みます。
(6) みなさんは**いつも**SNSを使います。

☞ 「ほとんど」一词原本用于表示程度，因此除了用「ほとんど（～ません）」表示频率低之外，还可以说「ほとんど毎日日本語のニュースを聞きます」，此时「ほとんど」是形容达到了"几乎（每日）"的程度。

8. で〈工具、手段〉

意义：表示进行动作时使用的工具、手段、方式等。
译文：用……；靠……；通过……
接续：名词＋で

(1) 僕はよくスマホのアプリ**で**本やお菓子などを買います。
(2) メール**で**宿題を提出します。
(3) 私はインターネット**で**日本語を勉強します。

9. が〈主体〉

意义：表示客观事件（如现象描写）的主语。
接续：名词＋が

(1) たまに電話**が**鳴ります。
(2) ベル［铃］**が**鳴ります。
(3) よく友達**が**来ます。

10. 自动词和他动词

说明： 从是否可带「を」格补足语（动作对象）的角度来看，日语的动词可以分为自动词和他动词两种，区别如下：

分类	是否需要动作对象	可否与「～を」共现
自动词（不及物动词）	不需要	不可以（表示移动、离开动作的自动词除外）
他动词（及物动词）	需要	可以

(1) 授業中に携帯電話が**鳴ります**。〈自動詞〉
(2) 先生はたまに**怒ります**。〈自動詞〉
(3) 私もよく海外のニュース**を読みます**。〈他動詞〉
(4) 李さんはこのアプリ**を使います**。〈他動詞〉

☞ 有的动词兼有两种性质，既是自动词，又是他动词，例如「開く（开放）」「決定する（决定）」等。

練 習

A 课文理解练习

请在符合课文内容的（ ）中画〇，不符合的画×。

(1) （ ）李さんはよくネットショッピングをします。
(2) （ ）李さんはお菓子はネットで買いますが、本は本屋で買います。
(3) （ ）鈴木さんはよくスマホでニュースを見ます。
(4) （ ）王さんはよくスマホで日本語のニュースを聞きます。
(5) （ ）中国人大学生たちはほとんどSNSを使いません。
(6) （ ）李さんはメールで先生に宿題を提出します。
(7) （ ）李さんは授業中にスマホで単語を調べます。

第5課　高橋さんの留学生活

B　基础练习

参考例句，完成句子。

1. 例  → ご飯を食べます。

2. 例　本屋／本／買う　→　本屋で本を買います。

(1) 教室／日本語／勉強する　　(2) 運動場／バスケットボール／する
(3) 売店／果物／買う　　　　　(4) 寮／手紙／書く

3. 例1　この店／パンを買います／（○）
　　　→　A：よくこの店でパンを買いますか。
　　　　　B：ええ、よく買います。
　例2　この店／パンを買う／（×）
　　　→　A：よくこの店でパンを買いますか。
　　　　　B：いいえ、ほとんどこの店で買いません。

(1) 教室／日本語を使う／（○）　　(2) この食堂／ご飯を食べる／（×）
(3) この閲覧室／宿題をする／（○）　(4) この映画館／映画を見る／（×）

4. 例　スマホ／北京の歴史を調べる
　　→　スマホで北京の歴史を調べます。

(1) パソコン／映画を見る
(2) インターネット／ニュースを見る
(3) メール／宿題を提出する
(4) SNS／連絡する

5. 例　授業中／携帯電話／鳴る
　　→　ときどき授業中に携帯電話が鳴ります。

(1) 試験中／携帯電話／鳴る　　(2) 会議中／メッセージが届く
(3) 授業中／eメール／来る　　(4) 勉強中／友達／来る

C　会話練习

请和你的同伴想象一个具体场景，仿照例子练习对话。

谈论用手机做的事情

A：よくスマホで＿＿＿＿＿か。
B：いいえ、ほとんど＿＿＿＿＿。
A：そうですか。私はたまに＿＿＿＿＿。

例　A：よくスマホで小説を読みますか。
　　B：いいえ、ほとんど小説を読みません。
　　A：そうですか。私はたまにスマホで小説を読みます。

D　拓展练习

使用本单元学习的表示频率的这些表达，和同学交流一下各自的日常生活习惯吧。

动作、状态的频率

低　　　　　　　　　　　　　　　　　　　　　　　　　　　　高
全然〜ません　ほとんど〜ません　あまり〜ません　たまに　ときどき　よく　まいにち
　　　　　　　　　　　　　　　　　　　　　　　　　　　　　　　　いつも

「喫茶」和「飲茶」

「喫茶（きっさ）」和「飲茶（やむちゃ）」是与日本人的日常生活密切相关的两个词，二者之间有什么区别呢？

「飲茶」一词来自中国的广东话，意为"广式早茶"，现在泛指小笼包、虾饺、烧卖一类的中国小吃，这类小吃在日本也常被当做正餐。「喫茶」是从古代汉语传入日语的，原指喝茶，现指喝茶或咖啡等饮料，在现代日语中它一般不单独使用，而用做构词成分，如「喫茶店（きっさてん）」。「喫茶店」相当于中国的"咖啡馆""咖啡厅"或"咖啡店"。

第5課　高橋さんの留学生活

ユニット2

カフェ

（高橋等几人来到学校附近的咖啡馆）

高橋：わあ、広い。静かできれいなところですね。私、明日の授業のあと、ここで宿題をします。李さんも王さんもよくここに来ますか。

李　：ええ。でも明日は来ません。明日の夕方は図書館に行きます。

高橋：あ、そうですか。

王　：僕は来ますよ。高橋さん、何の宿題ですか。

高橋：中国文化の授業の宿題です。来週、クラスで発表します。

王　：そうですか。

高橋：ええ、インターネットで春節とか中秋節など中国の伝統行事の資料を探します。

王　：手伝いますよ。

高橋：どうもありがとう。

王　：明日、何時ごろ大学を出ますか。

高橋：そうですね。授業は4時40分に終わります。5時ごろはどうですか。

王　：大丈夫です。

高橋：じゃあ、授業のあとで連絡します。

鈴木：あ、僕も来ますよ。

王　：あっ、そ、そうですか。（小王有些失望）

> 解説・語彙

1. 时间＋ごろ

　　后缀「ごろ」接在时间名词后面，表示大概的时点，相当于汉语的"左右、前后"之意。例如：

（1）　A：何時ごろ大学を出ますか。（咱们几点从学校出发？）
　　　　B：３時ごろはどうですか。（3点左右怎么样？）
（2）　引越しは20日ごろです。（20日左右搬家）

2. 出る

　　「出る」是个多义词，既可以表示"从……出来（去）"，也可以表示"到……去"，还可以表示"离开，毕业"等意思。例如：

（1）　明日、一緒に大学を出ますか。（明天一起从学校走吗？）
（2）　お父さんは毎日、海に出ます。（爸爸每天都出海。）
（3）　去年、大学を出ました。（我去年大学毕业了。）

> 解説・文法

1. 动词的非过去时〈将来〉

意义：表示将来的动作或未来的状态。
说明：常与表示将来时点的时间名词呼应使用。如果对话语境比较明显地提示出"将来"这一信息时，时间名词可省略。

（1）　私、明日の授業のあと、ここで宿題をします。
（2）　来週、クラスで発表します。
（3）　明日、宿題を提出します。
（4）　高橋さんは行きますが、鈴木さんは行きません。

2. Nのあと（で）〈先后顺序〉

意义：表示时间顺序，在一个动作结束之后进行另一个动作。
译文：……之后；……以后
接续：动作性名词＋のあと（で），「で」可省略

> （1）私、明日の**授業のあと**、ここで宿題をします。
> （2）じゃ、**授業のあとで**連絡します。
> （3）**勉強のあと**、ニュースを聞きます。
> （4）**買い物のあと**、テレビを見ます。

3. に〈目的地〉

意义：表示移动的目的地。
译文：到……；至……
接续：表示处所的名词＋に

> （1）李さんも王さんもよくここに来ますか。
> （2）明日図書館に行きます。
> （3）鈴木さんはよく映画館に行きます。

4. とか〈举例〉

意义：举例，暗示还有同类的事物。
译文：……啦，……啦
说明：一般接在名词后面，有时也可以接在动词、形容词或引语后；可以两个以上并列使用，如「～とか～とか」。

> （1）インターネットで春節**とか**中秋節など中国の伝統行事の資料を探します。
> （2）料理はギョーザ**とか**おすし**とか**です。
> （3）インターネットでゲーム**とか**ネットショッピング**とか**します。

☞ 与「や」相比，「とか」更加口语化。

5. を〈出发点〉

意义：表示离开等动作的出发点。

接续：名词＋を＋表示离开、出发意义的自动词

> (1) 明日、何時ごろ大学を出ますか。
> (2) 兄は・月に大学を卒業します。
> (3) 私は明日北京を発ちます［离・］。

☞ 「を」与「から」的区别在于，前者用于"分离"性的动作，后者用于"移动"性的动作。试比较：

> ○大学を卒業します　　×大学から卒業します
> ○東京から行きます　　×東京を行きます

6. に〈时间点〉

意义：表示动作、行为发生的时间。

接续：时间名词＋に

说明：一般用在表示绝对时刻的名词后面，如「3時」「1月」「2020年」。

> (1) 授業は4時40分に終わります。
> (2) 私は午後2時に行きます。
> (3) 田中さんは16日に中国に来ます。

☞ 表示相对时间的名词如「毎日」「明日」「先週」「去年」等后面一般不加「に」。

> (4) ○私は明日行きます。
> 　　×私は明日に行きます。

解説・表現

1. 大丈夫です

功能：表示事情不存在什么障碍。

译文：没关系；没问题

第 5 課　高橋さんの留学生活

練　習

A　课文理解练习

请在符合课文内容的（　）中画〇，不符合的画×。

(1)　（　）大学の近くのカフェは静かできれいです。
(2)　（　）高橋さんは明日、このカフェに来ます。李さんも来ます。
(3)　（　）高橋さんは明日、カフェで発表の資料を探します。
(4)　（　）明日、王さんは高橋さんの宿題を手伝います。
(5)　（　）明日、授業のあと、王さんは電話をします。
(6)　（　）明日、鈴木さんもカフェに来ます。

B　基础练习

参考例句，完成句子。

1. 例　大学／行く　→　大学に行きます。

(1)　日本／行く　　　　　　(2)　中国／来る
(3)　寮／帰る　　　　　　　(4)　教室／来る

2. 例　起きる／7時　→　A：何時に起きますか。
　　　　　　　　　　　　B：7時に起きます。

(1)　寝る／12時　　　　　　(2)　帰る／3時
(3)　行く／8時　　　　　　 (4)　来る／6時

3. 例　図書館／9時　→　9時に図書館を出ます。

(1)　教室／10時　　　　　　(2)　学校／午後3時
(3)　カフェ／午後5時　　　 (4)　うち／朝7時半

4. 例　スマホ／お菓子・本／買う
　　　→　スマホでお菓子とか本などを買います。

(1) 辞書／漢字の意味・読み方／調べる

(2) インターネット／北京の歴史・お土産／調べる

(3) インターネット／ゲーム・ネットショッピング／する

(4) パソコン／ニュース・音楽／聞く

5. 看图，使用「～のあと～（し）ます」完成句子。

例　ご飯のあと、テレビを見ます。

(1)

(2)

(3)

(4)

C　会话练习

请和你的同伴想象一个具体场景，仿照例子练习对话。

1. 约定时间

　　A：明日、何時ごろ_____か。

　　B：そうですね。_____ごろはどうですか。

　　A：大丈夫です。

　　B：じゃあ、授業のあとで連絡します。

例　A：明日、何時ごろ大学を出ますか。
　　B：そうですね。5時ごろはどうですか。
　　A：大丈夫です。
　　B：じゃあ、授業のあとで連絡します。

第5課　高橋さんの留学生活

D　拓展练习

任务：商量外出时间、见面地点等。
目标：练习约定时间、地点等相关表达。
准备：下周的日程安排表。
步骤：（1）各自填写下周日程安排表。
　　　（2）每人都去问所有其他同学，寻找和自己准备做同样事情的朋友。
　　　（3）找到朋友后，商量决定做事情的时间，并约定出发的时间和地点等。

语法专栏（1）　术语

◇ 体词（「体言たいげん」）

相当于名词（包括代名词、数量词等），是没有词形变化（「活用かつよう」）的词。体词主要用于指称，可以表达实质或形式上的概念，后续格助词做句子的主语、补足语等。

◇ 用词（「用言ようげん」）

具有词形变化的独立词，包括动词、形容词。用词主要用于陈述，可以单独构成谓语，还可修饰体词（连体修饰）或修饰其它用词（连用修饰）。

◇ 连体修饰（「連体修飾れんたいしゅうしょく」）

词语（词组、小句）用来修饰体词的现象，功能相当于汉语中的"定语"。如「高い山」「きれいな花」「山田さんの本」「昨日行ったレストラン」。日语的动词、形容词具有连体形这个词形，可使用该词形修饰名词。

◇ 连用修饰（「連用修飾れんようしゅうしょく」）

词语（词组）修饰用词的现象，功能相当于汉语中的"状语"或"补语"。如「大きく書く」「幸せに暮らす」「ゆっくり休む」「二つに分ける」。日语的动词、形容词具有连用形这个词形，可使用该词形修饰用词。

◇ 格助词（「格助詞かくじょし」）

格助词接在体词或体词性词组之后，表示该体词在句中的语法功能以及与其他词之间的相互关系。现代日语的格助词有10个，可以分为两大类，一类是表示连用关系的格助词，包括「が、を、に、へ、で、と、から、まで、より」，用法为"名词+格助词（+动词、形容词）"；另一类是表示连体关系的格助词「の」，用法为"名词+の（+名词）"。

下图总结了日语中格助词的主要语义功能和语法功能。

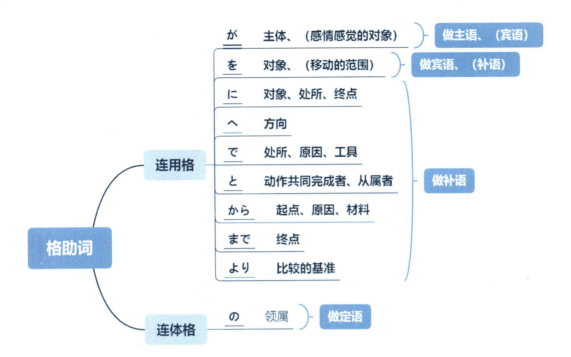

第5課　高橋さんの留学生活

ユニット３

アンケート

アンケート

　これは情報・通信利用状況のアンケート調査です。調査結果は統計処理します。個人情報は公表しません。ご協力をお願いします。

東西大学社会学部３年
三保健介

該当項目にチェックをお願いします。
性別：□男性　　　□女性
所属：□学部　⇒（　　　）学部
　　　□大学院⇒（　　　）研究科　　□修士課程　　□博士課程
学年：□１年　　□２年　　□３年　　□４年

1. 毎日どのくらいインターネットを使いますか。
　　□ a. 5時間未満
　　□ b. 5時間以上、10時間未満
　　□ c. 10時間以上
2. どんな機器でインターネットを利用しますか。（複数回答可）
　　□ a. スマートフォン
　　□ b. タブレット
　　□ c. パソコン
3. インターネットで何をしますか。（複数回答可）
　　□ a. ネットショッピング
　　□ b. ゲーム
　　□ c. SNSの利用
　　□ d. 情報収集
　　□ e. オンライン学習
　　□ f. ・メール
　　□ g. その他（　　　　　　）

4. インターネットで日本語の記事を読みますか。
　　□ a. 毎日読む
　　□ b. ときどき読む
　　□ c. 読まない
5. ・メールを送りますか。
　　□ a. 毎日送る
　　□ b. ときどき送る
　　□ c. 送らない
6. どんなアプリを利用しますか。（複数回答可）
　　□ a. ニュース
　　□ b. 地図
　　□ c. SNS
　　□ d. 天気
　　□ e. ネットショッピング
　　□ f. その他
7. 紙の新聞や雑誌を読みますか。
　　□ a. 毎日読む
　　□ b. ときどき読む
　　□ c. 読まない
8. テレビを見ますか。
　　□ a. 毎日見る
　　□ b. ときどき見る
　　□ c. 見ない
9. ラジオを聞きますか。
　　□ a. 毎日聞く
　　□ b. ときどき聞く
　　□ c. 聞かない
10. 手紙やハガキを書きますか。
　　□ a. よく書く
　　□ b. あまり書かない
　　□ c. 全然書かない

ご協力、ありがとうございました。

第5課　高橋さんの留学生活

解説・音声

1. Ⅴない

動词为平板型时，「Ⅴない」读成平板型或⊖②型。
買う ⓪ →かわない ⓪／かわない ⊖②
行く ⓪ →いかない ⓪／いかない ⊖②
动词为起伏型时，「Ⅴない」读成⊖③型。
読む① →よまない ⊖③　　　書く① →かかない ⊖③
作る② →つくらない ⊖③　　集める③ →あつめない ⊖③

解説・文法

1. 动词的简体（肯定、否定）

动词的词典形是肯定的简体形式，添加后缀「ない」后，构成动词的否定形（本书标记为「Ⅴない」）。变化规则如下：

动词类别	简体肯定形式⇒简体否定形式	备注
Ⅰ类动词	词尾「う」段假名⇒ 「あ」段假名＋「ない」 かく⇒ かか＋ない＝かかない よむ⇒ よま＋ない＝よまない	由于语音演变的缘故，以「う」结尾的Ⅰ类动词变否定形式时，不是「～あない」，而是「～わない」。 買う⇒ かわ＋ない＝かわない
Ⅱ类动词	词尾「る」⇒词尾「る」＋「ない」 みる⇒ みる＋ない＝みない あつめる⇒ あつめる＋ない＝ あつめない	有些动词的词典形相同，却分属Ⅰ类动词和Ⅱ类动词，变否定时形式不同，需留意。如： かえる｛帰る（Ⅰ类）⇒かえらない 　　　 変える（Ⅱ类）⇒かえない きる｛切る（Ⅰ类）⇒きらない 　　 着る（Ⅱ类）⇒きない
Ⅲ类动词	くる⇒ こ＋ない＝こない する⇒ し＋ない＝しない	

☞「ある」的否定形式是「ない」

(1)　私は毎日日本語の記事を**読む**。
　　　(2)　私はときどきEメールを**送る**。
　　　(3)　李さんは明日学校に**来ない**。
　　　(4)　小学校から英語を**勉強する**。

2. あまり／全然〜ない〈动作频率〉

　意義：「あまり〜ない」表示动作频率低；「全然〜ない」表示频率为零，从不进行该动作。

　译文：不太……；从不……

　　　(1)　私は**あまり**手紙を**書かない**。
　　　(2)　私は**全然**ハガキを**書かない**。
　　　(3)　鈴木さんは**あまり**カフェに**行かない**。
　　　(4)　コーヒーは**全然**飲みません。

解説・表現

1. 該当項目にチェックをお願いします

　　　问卷调查中经常使用的表达方式，意为"请在你所选选项前的□做上标记"。汉语一般画√，日语多画○。

練習

A　课文理解练习

请在符合课文内容的（　）中画○，不符合的画×。

　　(1)　（　）これは情報・通信の利用状況のアンケートです。
　　(2)　（　）三保さんはこのアンケートで資料を集めます。

第5課　高橋さんの留学生活

(3)（　）三保さんは個人情報を公表します。
(4)（　）アンケートの該当項目にチェックをします。

B 基礎練习

参考例句，完成句子。

1. 例　食べる　→　食べない

(1) 手伝う　　(2) 使う　　(3) 聞く　　(4) 書く
(5) 読む　　(6) 送る　　(7) 見る　　(8) 食べる
(9) 終わる　　(10) 鳴る　　(11) する　　(12) 来る

2. 例　映画を見る　→　私はあまり映画を見ない。

(1) ラジオを聞く　　　　　　(2) 新聞を読む
(3) お菓子を食べる　　　　　(4) SNSを使う

3. 例　手紙を書く　→　私は全然手紙を書きません。

(1) ネットカフェに行く　　　(2) ゲームをする
(3) テレビを見る　　　　　　(4) お茶を飲む

C 会话练习

选择自己感兴趣的话题，模仿课文制作一个调查问卷，在班里做个小调查吧。

例　食生活：料理をするか、外食をするか、誰と食べるか……

打电话的礼节

　　日本人打电话时习惯先自报家门，以便让对方弄清自己是谁。如果接电话的不是自己要找的人，往往先客气一下，表示打搅了人家觉得很抱歉，然后再说要找谁。不说明自己的身份而直接说要找谁或询问对方是谁，是很不礼貌的。接电话时日本人通常也先自报家门，但近年来为了安全起见不少日本人已不自报家门了，而是等对方先介绍自己。

　　给别人打电话时最好主动问一下对方说话是否方便，如果对方当时不方便，可以表示过一会儿再打过来。一般通话时间不宜过长，如果说得太久了，挂断前一定要表示一下歉意。日本人在晚上9点以后通常不往别人家里打电话，如果有急事必须打，也要先说几句客套话，表示这么晚打扰人家不好意思。

　　打手机一定要注意场合，教室、会议室、报告厅、剧院、音乐厅自不必说，就是在公交车、地铁、餐厅等公共场合日本人一般也关闭手机，或是将手机设置为振动状态。有急事不得不接听时，应尽量小声交谈并尽快结束谈话，或到室外、人少处接听，以免影响他人。

第6課　スピーチコンテスト応援

学习目标

1. 能够用日语简单叙述过去发生的事情。

2. 能够用日语自然地夸赞和感谢对方，与对方分享自己的心情。

3. 能够用日语简体写日记。

语法学习要点

ユニット1
① 动词的敬体过去时
② 无助词现象
③ Vに行く/来る〈有目的的移动〉
④ に〈对象〉
⑤ 疑问词＋か〈虚指〉
⑥ 疑问词＋（格助词＋）も〈全面否定〉
⑦ ところで〈转换话题〉
⑧ N_1かN_2〈选择性并列〉

ユニット2
① あの〈指示〉
② を〈移动的范围〉

ユニット3
① 动词的简体过去时
② に〈着落点、到达点〉
③ そして〈顺序、累加〉
④ と〈相互动作的对象〉〈同一动作的参与者〉
⑤ へ〈方向〉
⑥ 形容词的第一连用形（・Iく／・IIに）

ユニット1

スピーチコンテスト

（远藤老师带领学生去东京参加在东西大学举办的日语演讲比赛后，回到学校，遇到了胡主任）

胡　：遠藤先生、おかえりなさい。

遠藤：あ、胡先生。昨日、日本から戻りました。留守中、いろいろとありがとうございました。

胡　：いえいえ。3年生の周さん、2等賞でしたね。すごいですね。

遠藤：ええ、準優勝でした。素晴らしいスピーチでした。

胡　：ご指導、ありがとうございました。お疲れさまでした。

遠藤：いえいえ。周さんはよく頑張りました。

胡　：今年も16人でしたか。

遠藤：ええ、世界中から優秀な学生たちが集まりました。

胡　：最高レベルの日本語スピーチ大会ですね。

遠藤：ええ。おおぜい聞きに来ました。席も足りませんでした。

胡　：そうですか。交換留学生の鄭さんに会いましたか。

遠藤：ええ、会いました。元気でしたよ。

胡　：よかったですね。スピーチコンテストのあとはどこかに行きましたか。

遠藤：私はどこにも行きませんでしたが、学生たちはもみじを見に行きました。鄭さんが案内しましたよ。

胡　：鄭さん、えらいですね。ところで、ご家族はお元気でしたか。

遠藤：はい、おかげさまで。息子は今大学2年生で、来年の秋、北京か西安の大学に来ます。

胡　：交換留学ですか。

遠藤：ええ。中国文学の勉強に来ます。

胡　：それはいいですね。

第6課　スピーチコンテスト応援

> 解説・音声

1. Vました

无论动词为何种声调，「Vました」一律读成-3型。

買う⓪→か**いま**した -3　　行く⓪→い**きま**した -3

読む①→よ**みま**した -3　　書く①→か**きま**した -3

作る②→つ**くりま**した -3　　集める③→あ**つめま**した -3

2. Vませんでした

无论动词为何种声调，「Vませんでした」一律读成-5型。

買う⓪→か**いませ**んでした -5

行く⓪→い**きませ**んでした -5

読む①→よ**みませ**んでした -5

書く①→か**きませ**んでした -5

作る②→つ**くりませ**んでした -5

集める③→あ**つめませ**んでした -5

> 解説・語彙

1. 留守

　　与汉语的"留守"不同，日语的「留守」主要指（主人）不在家、家里没人。例如：

> （1）**留守中**、いろいろとありがとうございました。（我不在的这段时间，真是太感谢您了。）
>
> （2）**留守番電話**（录音电话）
>
> （3）両親はパーティーで家を**留守する**。（父母因为聚会，都不在家。）

2. よく

副词「よく」由形容词「いい」「よい」派生而来，有两个意义。一是表示频率较高，意为"常常"（第5课第1单元），二是本课的用法，表示程度较高，意为"很，挺"。例如：

(1) 僕は**よく**スマホで小説を読みます。（我经常用手机读小说。）
(2) ここの学生は、**よく**勉強します。（这儿的学生很爱学习。）
(3) 周さんは**よく**頑張りました。（周同学非常努力。）

3. ～中（じゅう）

第5课第1单元中，我们学习了"动作性名词+中"（「・中（ちゅう）」）表示"动作正在进行"的用法，本课中的「世界中」则是"空间、时间名词+中"，一般读「・中（じゅう）」，表示"整个时间段内、整个空间内"之意。另外，「今日中（きょうじゅう）」的意思为"今天之内"（要表达"今天一整天"时，可以用「今日一日中（じゅう）」），「午前中」「今週中」读音为「・ちゅう」，意为"上午的时间（之内）""本周内"。

(1) 世界**中**から優秀な学生たちが集まりました。（汇聚了来自全世界的优秀学生。）
(2) 今日**一日中**、どこにも行きませんでした。ずっと家でした。（今天一整天我哪儿也没去，一直在家。）
(3) 宿題は、**今週中**に提出します。（本周内提交作业。）

解説・文法

1. 动词的敬体过去时

意义：表示动词所指的动作、变化、状态等在说话时点之前发生或存在。

说明：动词的过去时是由非过去时派生出来的，敬体过去时的标记是「Ｖました」，其否定形式是「Ｖませんでした」。

动词敬体非过去时和过去时的肯定形式与否定形式可归纳如下：

第6課　スピーチコンテスト応援

	非過去时			过去时	
	词典形	肯定形式	否定形式	肯定形式	否定形式
Ⅰ类动词	書く	書きます	書きません	書きました	書きませんでした
Ⅱ类动词	出る	出ます	出ません	出ました	出ませんでした
Ⅲ类动词	する	します	しません	しました	しませんでした
	くる	きます	きません	きました	きませんでした

(1) 昨日、日本から**戻りました**。
(2) けさ、宿題を**提出しました**。
(3) 授業中、電話が**鳴りました**。
(4) 昨日、図書館に**行きませんでした**。

2. 无助词现象

日语中，名词与谓语连接时，需要在名词后面添加助词，用来表达名词与作为谓语的名词、动词或形容词之间的关系。但是在日常口语中，名词后面的助词经常脱落，出现"无助词（無助詞／ゼロ助詞）"现象。尤其当名词作为话题出现在句首时，这一现象时常发生；当名词不作为话题出现在句首，而是以其他句子成分出现时，有时会脱落「を」「が」「に／へ」等助词（例句中的φ意为助词脱落）。

(1) 三年生の周さん｛φ｝、二等賞でしたね。
(2) 僕｛φ｝、ほとんどテレビ｛φ｝見ません。
(3) 明日学校｛φ｝来ますか。
(4) あの本｛φ｝、買いましたよ。

☞ 有些助词不能脱落，如「に（表达对象）」「で」「と」「から」「まで」「より」。

(5) 来週、クラス｛×φ／で｝発表します。
(6) 昨日、日本｛×φ／から｝戻りました。

☞ 正式场合的讲话或书面语中，助词不能脱落。

3. Vに行く／来る〈有目的的移动〉

意义：表示有目的的移动。
译文：去／来（做）……
接续：动词的第一连用形＋に行く／来る
　　　动作性名词＋に行く／来る

(1) おおぜい**聞き**に来ました。
(2) 李さんは本を**買い**に行きました。
(3) 弟は**手伝い**に来ませんでした。
(4) 日曜日の午後、**買い物**に行きます。

4. に〈対象〉

意义：表示动作的对象。

译文：与……；跟……；向……；对……

接续：名词＋に

(1) 交換留学生の鄭さん**に**会いましたか。
(2) 王さんは高橋さん**に**メールを送りました。
(3) 遠藤先生は一年生**に**試験の結果を発表しました。

5. 疑问词＋か〈虚指〉

意义：表示虚指，即不确定。

接续：どこ／誰／何／いつ…＋か

说明：该形式可用于陈述句、疑问句和祈使句。当用于疑问句时，它不是特指问句，而是是非问句，因此回答时要用「はい」「いいえ」。

该形式用于格助词「が」「を」前面时，「が」「を」可以省略。

(1) 胡　：スピーチコンテストのあとは**どこか**に行きましたか。
　　遠藤：いいえ、私はどこにも行きませんでした。
(2) 王　：日曜日は**どこか**に行きますか。
　　高橋：はい、友達のうちに行きます。
(3) 劉　：**何か**飲みますか。
　　鈴木：いいえ、けっこうです。
(4) 部屋に**誰か**います。

第6課　スピーチコンテスト応援

6. 疑问词+（格助词+）も〈全面否定〉

意义：表示全面否定。

译文：哪儿也不（没）……；什么也不（没）……；哪个也不（没）……

接续：どこ／何／誰／どれ…＋格助词＋も

说明：通常与否定意义的谓语搭配使用。当格助词是「が」和「を」时，一般可省略。

> (1) 私は**どこにも**行きませんでした。
> (2) そのあとは**何も**しませんでした。
> (3) 試験は**どれも**難しくなかったです。

7. ところで〈转换话题〉

意义：用于在谈话时转换话题。

接续：两个句子之间

> (1) 鄭さん、えらいですね。**ところで**、ご家族はお元気でしたか。
> (2) 今日はお疲れさまでした。**ところで**、週末はどこかに出かけますか。
> (3) 来週また発表がありますね。**ところで**、王さんは今日いませんね。

8. N_1かN_2〈选择性并列〉

意义：表示选择性的并列，即二者之一与该句所叙述的事件有关。

译文：……或者……

接续：名词＋か＋名词

> (1) 息子は今大学2年生で、来年の秋、北京**か**西安の大学に来ます。
> (2) 明日、李さん**か**王さんが行きます。
> (3) 朝はコーヒー**か**牛乳を飲みます。

解説・表現

1. おかえりなさい

功能：在家的人迎接其他家庭成员回家时的习惯用语。

译文：你回来了

说明：除了家庭以外，为了表示归属意识，有时在工作单位，同事之间也互相用这句话寒暄。对家人（多为晚辈）或关系亲密的人有时简略为「おかえり」。

2. 留守中、いろいろとありがとうございました

功能：外出回来时向帮助自己的人表示感谢。

译文：我不在的时候，谢谢您的关照

说明：这是日本式的谈话习惯，实际上也许胡老师并没有做什么事情。这种感谢属于客套话。

3. お疲れさまでした

功能：表示慰问、问候、感谢等。

译文：您辛苦了！

说明：在工作单位，同事之间见面或分别时也经常使用。

4. いえいえ

功能：受到感谢、夸奖时，表示谦虚或者否定。

译文：哪里哪里；不是这样的

说明：当受到感谢、夸奖时，「いえいえ」可以表示谦虚的态度，后面通常加上「こちらこそありがとうございます」「どういたしまして」「そんなことはありません」等。

5. よかったですね

功能：事情向好的方向发展或有好的结果时，表示高兴的心情。

译文：那真是太好了

第6課　スピーチコンテスト応援

6. 〜さん、えらいですね

功能：用于表示夸奖。

译文：某某真了不起

说明：不能用于夸奖长辈或上级。

7. おかげさまで

功能：表示之所以事情有好的结果，如身体健康、工作顺利等是由于有了对方的存在。

译文：托您的福

8. それはいいですね

功能：对对方所述事实表达积极的感想或赞同。

译文：真是太好了

練習

A　课文理解练习

请在符合课文内容的（　）中画〇，不符合的画×。

(1)　(　) 日本語スピーチコンテストはとてもすばらしかったです。
(2)　(　) 学生たちのスピーチは全部よかったです。
(3)　(　) スピーチコンテストのとき、人がおおぜい来ました。
(4)　(　) 日本で遠藤先生は鄭さんに会いました。
(5)　(　) 日本で遠藤先生は家族に会いませんでした。
(6)　(　) スピーチコンテストのあと、遠藤先生はもみじを見に行きました。

B　基础练习

参考例句，完成句子。

1. 例　李さん／映画を見る／昨日／明日
　　→ A：李さんは昨日映画を見ましたか。
　　　 B：いいえ、明日見ます。

ユニット1　スピーチコンテスト

- (1) 鈴木さん／発表する／おととい／あさって
- (2) 李さん／国に帰る／先月／来月
- (3) 弟さん／アメリカに行く／去年／来年
- (4) 山田さん／寮に来る／おとといの夜／今晩

2. 例　行く／明日・あさって
　　　→　A：いつ行きますか。
　　　　　B：**明日かあさって行きます。**

- (1) 映画を見に行く／今日・明日
- (2) 国に帰る／今月・来月
- (3) 本を返す／今週・来週
- (4) 日本に行く／今年・来年

3. 例　授業のあと／本屋・本を買う。
　　　→　A：授業のあと、何をしますか。
　　　　　B：**本屋に本を買いに行きます。**

- (1) 月曜日の午後／大学・発表を聞く
- (2) 今日の午後／図書館・資料を探す
- (3) 明日／上海・友達に会う
- (4) 土曜日の晩／映画館・映画を見る

4. 例　交換留学生／鄭さん／会う
　　　→　**交換留学生の鄭さんに会いました。**

- (1) 留学生／鈴木さん／手紙を書く
- (2) 経済学部／李さん／メールする
- (3) 友達／トムさん／電話する
- (4) 1年生／みなさん／日本語学科を紹介する

5. 例1　日曜日／はい・図書館・資料を探す
　　　→　A：日曜日、どこかに行きますか。
　　　　　B：**はい、図書館に資料を探しに行きます。**
　　例2　日曜日／いいえ・寮で勉強する
　　　→　A：日曜日、どこかに行きますか。
　　　　　B：**いいえ、どこにも行きません。寮で勉強します。**

第6課　スピーチコンテスト応援

(1) 今日の午後／はい・本屋・小説を買う
(2) 今日の午後／いいえ・部屋で寝る
(3) 昨日／はい・東西大学・シンポジウムを聞く
(4) 昨日／いいえ・部屋で宿題をする

6. 例1　昨日・何・する／テニス
　　→　A：昨日、何かしましたか。
　　　　B：はい、テニスをしました。
　例2　昨日・何・する／（いいえ）
　　→　A：昨日、何かしましたか。
　　　　B：いいえ、何もしませんでした。

(1) 今朝・何・食べる／パン
(2) 今朝・何・食べる／（いいえ）
(3) 夏休みに・何・読む／日本語の本
(4) 昨日・何・テレビ番組を見る／（いいえ）

C　会话练习

请和你的同伴想象一个具体场景，仿照例子练习对话。

1. 谈论是否做某事

　A：何か_____ましたか。
　B：いいえ、何も_____。
　A：そうですか。

例　A：何か食べましたか。
　　B：いいえ、何も食べませんでした。
　　A：そうですか。

2. B外出归来，两人谈论其间发生的事情

　A：Bさん、おかえりなさい。_____はどうでしたか。
　B：_____です。
　A：それはよかったですね。
　B：留守中、いろいろとありがとうございました。

例　A：Bさん、おかえりなさい。日本語スピーチコンテストはどうでしたか。
　　B：すばらしかったです。
　　A：それはよかったですね。
　　B：留守中、いろいろとありがとうございました。

D　拓展练习

扮演角色，进行会话练习。

场景：在校园里日本留学生A遇到了日语专业学生B。两人见面简单聊了几句。

	日本留学生A	日语专业学生B
会话内容1	两人见面相互打招呼	
会话内容2	回答B的提问	询问A家人的情况
会话内容3	彼此询问并谈论暑假生活	

第6課　スピーチコンテスト応援

ユニット2

大学祭

（远藤老师和胡主任继续聊天）

遠藤：私はスピーチコンテストのあと、東西大学の大学祭を見ました。
胡　：ああ、ちょうど大学祭のシーズンでしたね。
遠藤：社会学部の学生たちが研究発表会をしました。三保さんも発表しました。
胡　：三保さん？
遠藤：ええ、去年の交換留学生で、今、社会学部の3年生です。
胡　：ああ。あの学生ですね。テーマは何でしたか。
遠藤：「日中大学生の情報・通信の利用状況」です。
胡　：へえ。すごいですね。留学生たちも何かしましたか。
遠藤：ええ、アフレコ発表会とかカラオケ大会とか。それから、各国の留学生が模擬店を出しました。中国人学生のギョーザはとても好評でしたよ。
胡　：遠藤先生も食べましたか。
遠藤：ええ、もちろん。留学生の店を全部回りました。中華料理、韓国料理、タイ料理、マレーシア料理、インド料理……、全部おいしかったです。でも、苦しかったです。（笑）

解説・語彙

1. 大学祭

「大学祭」是日本的大学（包括短期大学等高等院校）作为课外活动开展的一项以学生为主体的活动。也有的学校称之为「学園祭（がくえんさい）」、「学祭（がくさい）」。

解説・文法

1. あの〈指示〉

意义：表示说话双方都知道的人、事物等。

译文：那个……；那件……

接续：あの＋名词

说明：「あの」是指示性的连体词，除了在第2课第2单元学过表示远称的用法之外，还有此用法。

> （1）胡　　：三保さん？
> 　　遠藤：ええ、去年の交換留学生で、今、社会学部の３年生です。
> 　　胡　　：ああ。**あの**学生ですね。
> （2）李　　：昨日どんな映画を見ましたか。
> 　　高橋：「ヒーロー」［英雄］です。
> 　　李　　：ああ。**あの**映画ですか。
> （3）鈴木：日曜日、李先生に会いました。
> 　　高橋：李先生？
> 　　鈴木：**あの**おもしろい中国史の先生ですよ。
> 　　高橋：ああ。**あの**先生ですね。

2. を〈移动的范围〉

意义：表示移动的范围。

接续：名词＋を＋表示移动的自动词

第6課　スピーチコンテスト応援

说明：格助词「を」与表达移动的自动词搭配时，除表示出发点（第5课第2单元）外，还可以表示移动的范围。

> （1）留学生の店を全部回りました。
> （2）いろいろな場所を旅行しました。
> （3）昨日も公園を散歩しました。

☞ 本课中出现的「回る」这个动词比较特殊，它表示的是先后去了不同的"店"，而要表示在一个店里转悠的时候则说「店の中を回る」。

解説・表現

1. へえ

功能：表示吃惊、佩服、疑惑等心情。
译文：是吗；哦

練習

A 课文理解练习

请在符合课文内容的（ ）中画〇，不符合的画×。

(1) （ ）遠藤先生はスピーチコンテストのあと、大学祭に行きました。
(2) （ ）三保さんは東西大学の交換留学生です。
(3) （ ）三保さんは東西大学社会学部の学生です。
(4) （ ）留学生たちは研究発表会をしました。
(5) （ ）大学祭のとき、各国の留学生会がおみやげのお店を出しました。
(6) （ ）遠藤先生は中国人学生のギョーザを食べました。
(7) （ ）遠藤先生は留学生会の模擬店を回りました。

B 基础练习

参考例句，完成句子。

1. 例1　「ヒーロー」を見る／○／映画・すばらしい
　　　　→ A：昨日、「ヒーロー」を見ました。
　　　　　 B：ああ、あの映画はすばらしいですね。
　 例2　「ヒーロー」を見る／×／映画・おもしろい
　　　　→ A：昨日、「ヒーロー」を見ました。
　　　　　 B：その映画はおもしろいですか。

> (1) 北京飯店に行く／○／店の料理・安くておいしい
> (2) 上海飯店に行く／×／店の値段・高い
> (3) 林先生の授業に出る／○／先生の授業・おもしろい
> (4) 王先生の授業に出る／×／先生のテスト・難しい

2. 例　留学生の店／回る　→　**留学生の店を回りました。**

> (1) いろいろな場所／旅行する　　(2) 空／飛ぶ
> (3) 公園／散歩する　　　　　　　(4) 北京の町／歩く

C 会话练习

请和你的同伴想象一个具体场景，仿照例子练习对话。

1. 谈论周末做的事情
　　A：週末、何かしましたか。
　　B：はい、＿＿＿＿に行きました。
　　A：どうでしたか。
　　B：＿＿＿＿ですよ。

> 例　A：土曜日、何かしましたか。
> 　　B：はい、大学祭に行きました。
> 　　A：どうでしたか。
> 　　B：楽しかったですよ。

第6課　スピーチコンテスト応援

2. 谈论两人都认识的人

A：昨日勉強会でCさんに会いました。
B：Cさん？
A：ええ、_____です。
B：ああ、あの人ですね。

> 例　A：昨日勉強会で三保さんに会いました。
> 　　B：三保さん？
> 　　A：ええ、去年の交換留学生です。
> 　　B：ああ、あの人ですね。

D　拓展练习

从你的手机里选择一张最有趣的或者最难忘、最有意义、你最喜欢的照片，介绍给你的同学，练习简单叙述过去发生的事情。听完其他同学的介绍后，你也可以就照片的内容提问。

叙述时，注意包含以下内容：

- いつですか。
- どこですか。
- 誰ですか。
- 何をしましたか。
- どうでしたか。

来自汉语的"外来词"

日语词汇按其来源可以分为四类："和语词""汉语词""外来词"和"混合词"。其中的"汉语词"是指"用汉字书写的音读词汇"，大部分来自古代汉语，也有一部分是近代以来日本人创造的。不过像「ギョーザ（餃子）」「ラーメン（拉麺）」「ワンタン（雲呑・餛飩）」「マージャン（麻雀）」「ヤムチャ（飲茶）」这样的词，虽然可以用汉字书写，也来自汉语，但其读音并不属于"音读"，而仅是单纯模仿汉语的发音，因此不被看做"汉语词"。它们属于"外来词"，一般用片假名书写。

ユニット3

私の留学日記

京華大学「日本語学科だより」から

鄭　文秀

　私は日本語学科の2年生で、今、東西大学文学部の交換留学生だ。今年の3月28日、私は日本行きの飛行機に乗った。夕方、成田空港に着いた。日本は初めてだった。日本人に日本語で話しかけたが、あまり通じなかった。ショックだった。成田空港からリムジンバスに乗った。夜、東西大学の国際交流会館に着いた。とても不安だった。

　4月から授業が始まった。中国人留学生の先輩や日本語の先生やクラスの同級生はみんな親切だった。私は毎日、一所懸命日本語を勉強した。ホームステイや工場見学、新幹線の旅行も経験した。地域の中学校も訪問した。生徒たちはかわいかった。国際交流クラブにも参加した。そして、日本人の学生とたくさん話した。

　夏休みには国へ帰らなかった。たくさんアルバイトをした。友達と一緒に富士山に登った。日本人登山客に日本語で話しかけた。今度は通じた！山頂からすばらしい景色を見た。一生の思い出だ。

　11月3日から5日まで、大学祭だった。いろいろな国の留学生会が模擬店を出した。私もほかの中国人留学生と一緒に水ギョーザを作った。大人気だった。

　大学祭の期間中、日本語スピーチコンテストを聞きに行った。久しぶりに京華大学の遠藤先生に会った。スピーチコンテストのあと、みなさんと一緒にもみじを見に行った。

　私の夢は日本語教師だ。この8か月間、私は日本語のことも日本人のこともいろいろ勉強した。今、夢が少し現実に近づいた。

第6課　スピーチコンテスト応援

> 解説・音声

1. Vた

动词为平板型时，「Vた」仍为平板型。
　　買う⓪→かった⓪　　　　　　　　行く⓪→いった⓪

动词为起伏型时，「Vた」原则上读成-3型。
　　読む①→よんだ-3　　　　　　　　書く①→かいた-3
　　作る②→つくった-3　　　　　　　集める③→あつめた-3

2. Vなかった

动词为平板型时，「Vなかった」读成-4型。
　　買う⓪→かわなかった-4　　　　　行く⓪→いかなかった-4

动词为起伏型时，「Vなかった」读成-5型。
　　読む①→よまなかった-5　　　　　書く①→かかなかった-5
　　作る②→つくらなかった-5　　　　集める③→あつめなかった-5

> 解説・文法

1. 动词的简体过去时

　　动词的简体过去时是由简体非过去时派生出来的，其形态标志是表示过去的后缀「た」或其变体「だ」（本书标记为「Vた」）。

1）Ⅰ类动词

　　　Ⅰ类动词变过去时的肯定形式时，绝大多数都要发生被称之为"音变"的语音变化，变化规则如下：

Ⅰ类动词音变类型	变化规则	简体非过去时（词典形）	简体过去时
イ音变	書く→ 書く+いた→ 書いた	書く	書いた
	急ぐ→ 急ぐ+いだ→ 急いだ	急ぐ	急いだ
促音变	買う→ 買う+った→ 買った	買う	買った
	立つ→ 立つ+った→ 立った	立つ	立った
	送る→ 送る+った→ 送った	送る	送った
拨音变	死ぬ→ 死ぬ+んだ→ 死んだ	死ぬ	死んだ
	運ぶ→ 運ぶ+んだ→ 運んだ	運ぶ	運んだ
	読む→ 読む+んだ→ 読んだ	読む	読んだ
不发生音变	話す→ 話す+した→ 話した	話す	話した

☞ 有个别变化不规则的动词，需要特别注意。例如：「行く」按规则应该发生"イ音变"，但实际上它却发生"促音变"，变为「行った」。

2) Ⅱ、Ⅲ类动词

Ⅱ类动词变过去时的方法比较简单，Ⅲ类动词相对复杂一些。

动词类型	变化规则	简体非过去时（词典形）	简体过去时
Ⅱ类动词	見る → 見る+た → 見た 集める→ 集める+た→ 集めた	見る 集める	見た 集めた
Ⅲ类动词	来る → き+た → 来た	来る	来た
	する → し+た → した	する	した

动词简体否定形式的过去时也是由非过去时派生出来的，其变化规则为：
Ｖない→Ｖなかった

动词类型	词典形	否定形式（非过去时）	否定形式（过去时）
Ⅰ类动词	買う	買わない	買わなかった
	書く	書かない	書かなかった
	読む	読まない	読まなかった
	話す	話さない	話さなかった

第6課　スピーチコンテスト応援

Ⅱ类动词	見る	見ない	見なかった
	集める	集めない	集めなかった
Ⅲ类动词	来る	来ない	来なかった
	する	しない	しなかった

（1）私は日本行きの飛行機に**乗った**。
（2）日本人に日本語で話しかけたが、あまり**通じなかった**。
（3）私は毎日、一所懸命日本語を**勉強した**。
（4）日曜日はどこにも**行かなかった**。

为了便于掌握动词的敬体与简体的各种活用变化，现将已学过的几种形式列表如下：

	简体		敬体	
	肯定形式	否定形式	肯定形式	否定形式
非过去时	買う	買わない	買います	買いません
	飲む	飲まない	飲みます	飲みません
	書く	書かない	書きます	書きません
	話す	話さない	話します	話しません
	集める	集めない	集めます	集めません
	来る	来ない	来ます	来ません
	する	しない	します	しません
过去时	買った	買わなかった	買いました	買いませんでした
	飲んだ	飲まなかった	飲みました	飲みませんでした
	書いた	書かなかった	書きました	書きませんでした
	話した	話さなかった	話しました	話しませんでした
	集めた	集めなかった	集めました	集めませんでした
	来た	来なかった	来ました	来ませんでした
	した	しなかった	しました	しませんでした

2. に〈着落点、到达点〉

意义：表示动作的着落点、到达点。
译文：……在……；……到……
接续：接在表达处所、地点等的名词后面

(1) 私は日本行きの飛行機に乗った。
(2) 午後3時に空港に着く。
(3) ノートに名前を書いた。
(4) 教科書を机［课桌］の上に置く［放］。

3. そして〈順序、累加〉

意义： 表示两个动作之间的先后顺序，也表示累加、递进、并列等意。
译文： 又；还；而且；接着又……
接续： 用于连接句子，也可以连接词或词组

(1) 国際交流クラブにも参加した。そして、日本人の学生とたくさん話した。
(2) 高橋さんは朝、5時に起きた。そして、6時に寮を出た。
(3) 鈴木さんはとても親切です。そして、おもしろい人です。

4. と〈相互动作的对象〉〈同一动作的参与者〉

意义： 表示相互动作的对象或同一动作的共同参与者。
译文： 和；同；与
接续： 指人的名词＋と

(1) 日本人の学生とたくさん話した。
(2) 兄は私の友達と結婚しました。
(3) 学生たちは鄭さんと一緒にもみじを見に行きました。
(4) 日曜日、王さんと一緒に映画を見ました。

5. へ〈方向〉

意义： 表示移动的方向。
接续： 表示处所的名词＋へ

(1) 夏休みには国へ帰らなかった。
(2) どこへ行きますか。
(3) 毎日7時ごろうちへ帰る。
(4) 授業のあと、図書館へ本を借りに行きます。

第6課　スピーチコンテスト応援

☞ 「に」也有接在表示处所名词后面的用法（第5课第2单元），但是「に」表达的是到达的地点，「へ」表达的是移动的方向。

6. 形容词的第一连用形（A_Iく／A_{II}に）

　　形容词的连用形有第一连用形和第二连用形两种形式，其中第一连用形用于修饰动词，表示动作的状态、结果，也可用于中顿（详见第11课第3单元）。形容词第一连用形的变化规则如下：

形容词类型	规则	例
Ⅰ类形容词	Aい → Aく	大きい → 大きく
Ⅱ类形容词	Aだ → Aに	上手だ → 上手に

（1）**久しぶりに**東西大学の遠藤先生に会った。
（2）字を**大きく**書きます。
（3）メンバーを**多く**集めました。
（4）図書館で**静かに**勉強する。
（5）部屋を**きれいに**掃除(そうじ)しました。

練　習

A　课文理解练习

阅读郑文秀的日记，填写任务单。

出来事	鄭さんの気持ち
成田空港で（　　　　　　　　　　）。	ショックだった
夜、東西大学の国際交流会館に着いた。	
中国人留学生の先輩や日本語の先生やクラスの同級生はみんな親切だった。	
鄭さんは毎日、一所懸命日本語を勉強した。	
鄭さんは（　　　　）、工場見学、（　　　　）を経験した。	
夏休み、鄭さんはアルバイトをした。	

ユニット3　私の留学日記

（続表）

出来事	鄭さんの気持ち
夏休み、鄭さんは富士山に登った。日本人登山客に日本語で（　　　）。	
大学祭の期間中、鄭さんは中国人留学生と一緒に（　　　）。	
大学祭の期間中、鄭さんは（　　　）に会った。	
	夢が少し現実に近づいた。

B　基礎練習

参考例句，完成句子。

1. 例　食べる　→　**食べた**

   (1) する　　　(2) 来る　　　(3) 買う　　　(4) 行く
   (5) 書く　　　(6) 話す　　　(7) 待つ　　　(8) 遊ぶ
   (9) 読む　　　(10) 戻る　　　(11) 入る　　　(12) 出る
   (13) 見る　　　(14) 集める　　(15) 起きる　　(16) ある

2. 例　食べた　→　**食べなかった**

   (1) 回った　　(2) 探した　　(3) 調べた　　(4) 借りた
   (5) 聞いた　　(6) 行った　　(7) 手伝った　(8) 会った
   (9) 送った　　(10) 使った　　(11) 来た　　　(12) 電話した

3. 例　明日、飛行機に乗ります　→　**明日、飛行機に乗る。**

   (1) 明日から授業が始まります
   (2) 今の若者はあまり手紙を書きません
   (3) 昨日、キャンパスで日本人留学生に話しかけました
   (4) 私は留学生と一緒にギョーザを作りました
   (5) 遠藤先生はもみじを見に行きませんでした
   (6) 日本人に話しかけましたが、あまり通じませんでした

第6課　スピーチコンテスト応援

4.
- (1) 先週、新入生歓迎会に行きました。そして、　　　　とてもおもしろいです。
- (2) 陳先生は親切です。そして、　　　　高橋さんの友達です。
- (3) 鈴木さんは歴史学部の2年生です。そして、　　　　歴史の本を借りました。
- (4) 昨日、図書館に行きました。そして、　　　　初めて料理を作りました。
- (5) おととい、料理の本を買いました。そして、　　　　先輩といろいろ話しました。

5. 例　私／友だち／電話で話す　→　**私は友だちと電話で話しました。**
- (1) 私／親友／いろいろ話す
- (2) 高橋さん／王さん／図書館で会う
- (3) 王さん／三保さん／相互学習をする
- (4) 姉／大学の時の先輩／結婚する

6. 例　李さん／先週／上海／行く　→　**李さんは、先週、上海へ行きました。**
- (1) 鈴木さん／先月／国／帰る
- (2) 李さん／6時／寮／戻る
- (3) 陳さん／来週家族と／日本／行く
- (4) 友達／来月／中国／来る

7. 例　リンゴを食べた／おいしい　→　**リンゴをおいしく食べた。**
- (1) 友だちと話す／楽しい
- (2) 髪を切る／短く
- (3) 使い方を説明する／丁寧
- (4) 部屋を掃除する／きれい

C 拓展练习

任务：描述事物。

目标：练习描述一个事物或人物的多个特点。

步骤：　(1) 分组。每组人数不限。

(2) 每人在一张纸上用日语写下自己想到的名词（例：図書館、○○先生、中国料理、インターネット等）。

(3) 教师把纸条收上来。

(4) 教师选择一张纸条，读上面的单词（例：図書館）。

(5) 各小组联想与该单词有关的句子，写在纸上，例：「図書館は～です。そして、……です。」尽量多写。限制时间为2分钟。

(6) 2分钟后，各组代表将本组的句子写在黑板上。

(7) 写得多的小组获胜。

富士山

富士山位于日本山梨县和静冈县的交界处，海拔3776米，是日本的第一高山。

日本是多火山的国家，富士山就是一座圆锥形的活火山。富士山在历史上曾喷发过18次，自1707年喷发后，长期没有活动。然而由于地壳运动，今天的富士山仍有喷气现象。富士山的主体部分由玄武岩的熔岩流和火山砂砾组成，山形挺拔秀丽、雄伟壮观，人们常用"倒置的折扇"来形容它。富士山山顶终年积雪，又有温泉瀑布点缀其间，景色宜人，是游览观光的好去处。

关于富士山名字的由来有很多有趣的传说，例如有人说"富士"是假借字，它表示的音"FUJI"本是阿伊努语（日本少数民族阿伊努族的语言），意为"火"，"富士山"就是"火山"的意思。相传古时阿伊努人住在富士山脚下，看到富士山喷发，就叫喊"FUJI""FUJI"，富士山由此而得名。"FUJI"曾有过多种汉字写法："不二""不尽"等。

富士山是日本三大灵山之一，她还被赞誉为"芙蓉峰"。由于人们喜爱富士山，所以在许多火山的名字中都会见到"富士"二字，如"虾夷富士""津轻富士"等。日本的艺术作品也常以富士山为题材，可见富士山已成为日本的象征。

第7課　案内

学习目标

1. 能够用日语为他人做向导、做介绍。

2. 能够用日语邀请或建议朋友做某事。

语法学习要点

ユニット1
① Vましょう（か）〈建议〉
② 数量词・V〈对象的数量〉
③ N_1に（は）N_2がある／いる〈存在〉
④ N_2はN_1にある／いる〈所在〉
⑤ 〜んですか〈要求说明〉
⑥ Nが見える〈可能〉

ユニット2
① Nになる／A_Iくなる／A_{II}になる〈変化的结果〉
② でも〈示例〉
③ Vませんか〈建议〉
④ 〜んです／〜んですが〈引入话题〉
⑤ そこ〈指示〉
⑥ 〜でしょう〈推测〉
⑦ 〜んです／〜の（ん）だ／〜のである〈说明理由〉
⑧ までに〈期限〉
⑨ で〈范围〉
⑩ Nにする〈选择、决定〉

ユニット3
① Nである〈判断〉
② に〈客体的处所〉

ユニット1

北京案内

（高桥美穂的父母来中国旅行，王宇翔为他们做向导）

王　：今日は天安門、故宮、景山公園、王府井に行きましょう。
父　：わかりました。よろしくお願いします。
王　：はい。こちらこそ、よろしくお願いします。
高橋：お父さん、お母さん、タクシーで行きましょうか。
母　：そうね、そうしましょう。

（乘出租车来到天安门前）

王　：さあ、天安門に着きました。あそこに毛沢東の肖像画があります。
母　：わあ！
王　：天安門の正面には天安門広場があります。
父　：人民大会堂もここにあるんですか。
王　：はい、天安門広場の西側にあります。
父　：ああ、あれですか。立派ですねえ。
王　：天安門の城楼から天安門広場が全部見えます。さあ、行きましょう。

父　：あそこに故宮が見えますね。
王　：ええ、故宮は天安門の北にあります。そして、故宮の向こうには景山公園があります。あとで行きましょう。
父　：景山公園から、故宮が見えるんですか。
王　：はい、見えますよ。
父　：いいですね。楽しみです。

（登上城楼）

王　：私たちは今、北京の中心にいます。
母　：下に観光客がおおぜいいますね。
高橋：お母さん、私たちも観光客ですよ。

（大家都笑了）

王　：それじゃ、観光客のみなさん、ここで写真を一枚撮りましょう。いいですか。はい、チーズ！

第7課　案内

解説・音声

1. Vましょう

　　无论动词为何种声调，「Vましょう」一律读成 -2 型。

　　　買う⓪→かいましょう-2　　　行く⓪→いきましょう-2
　　　読む①→よみましょう-2　　　書く①→かきましょう-2
　　　作る②→つくりましょう-2　　　集める③→あつめましょう-2

2. Nには

　　名词为平板型时，「には」读成 -2 型。

　　　教室⓪ →きょうしつには-2

　　名词为起伏型时，「には」一律低读。

　　　寮① → りょうには　　　　部屋② → へやには
　　　正面③ → しょうめんには

解説・語彙

1. 方位处所词

　　日语的存在句式中经常出现表示方向、位置或处所的名词，列表简单归纳如下：

上（うえ）②⓪上	下（した）②下
右（みぎ）⓪右	左（ひだり）⓪左
前（まえ）①前	後ろ（うしろ）⓪（场所）后
中（なか）①中间，里面	外（そと）①外
そば ①旁边	横（よこ）⓪侧面，旁边
隣（となり）⓪旁边，隔壁	周り（まわり）⓪周围
間（あいだ）⓪……之间	真ん中（まんなか）⓪正中间
中心（ちゅうしん）⓪中心	角（かど）①拐角，角落
へん【辺】⓪／あたり【辺り】①周边，周围	-側（-がわ）……侧

東（ひがし）⓪东	西（にし）⓪西
南（みなみ）⓪南	北（きた）⓪②北
向こう（むこう）②⓪对面；远方；对方	向かい（むかい）⓪对面

2. 表示量的后缀

前面学过的「～人／～階／～枚／～（か）国／～本」和本课出现的「～台／～冊／～杯／～匹」均为接在数词后面的后缀，与数词共同构成数量词，不能单独使用。这些后缀有的虽然与汉语同形，但二者的意义和用法并非完全一致，需要加以辨别。此外，八行后缀本身会发生浊音或半浊音的变化，其音变规则是：1、6、8、10→p，3→b。举例如下：

表示量的后缀	所限定的事物	对应的汉语量词	特殊读音
階（かい）	楼层	层；楼	1階：いっかい；3階：さんがい／さんかい；6階：ろっかい；8階：はっかい／はちかい；10階：じゅっかい／じっかい；何階：なんがい
冊（さつ）	书本类	册；本	1冊：いっさつ；8冊：はっさつ；10冊：じゅっさつ／じっさつ
台（だい）	①车辆类 ②电器类	①辆；台 ②台；个	
頭（とう）	体形高大的动物（牛、马）	匹；头	1頭：いっとう；8頭：はっとう；10頭：じゅっとう／じっとう
杯（はい）	饮食用的容器	杯	1杯：いっぱい；3杯：さんばい；6杯：ろっぱい；8杯：はっぱい／はちはい；10杯：じゅっぱい／じっぱい；何杯：なんばい
匹（ひき）	①兽类、家禽类 ②鱼类 ③虫类	①匹；头；只 ②条；尾 ③只；条	1匹：いっぴき；3匹：さんびき；6匹：ろっぴき；8匹：はっぴき；10匹：じゅっぴき／じっぴき；何匹：なんびき
本（ほん）	细长物 ①笔类 ②瓶子类 ③胶卷类 ④影视作品类 ⑤文章类	①根；杆；枝 ②瓶 ③卷；个 ④部 ⑤篇	1本：いっぽん；3本：さんぼん；6本：ろっぽん；8本：はっぽん／はちほん；10本：じゅっぽん／じっぽん；何本：なんぼん

（续表）

表示量的后缀	所限定的事物	对应的汉语量词	特殊读音
枚 （まい）	薄的、扁平的物品 ① 纸张类 ② 树叶类 ③ 板子类 ④ 硬币类 ⑤ 盘子、碟子类	① 张 ② 枚；片 ③ 块 ④ 枚；个 ⑤ 个	
羽 （わ）	① 飞禽类 ② 兔子	只	3羽：さんば；4羽：よんば； 6羽：ろっぱ；10羽：じゅっぱ／じっぱ； 何羽：なんば

解説・文法

1. Vましょう（か）〈建议〉

意义： 用于建议对方与自己一起做某事，是敬体形式。

接续： 动词的第一连用形・ましょう

译文： ……吧；……怎么样

(1) 今日は天安門に**行きましょう**。
(2) そうね、そう**しましょう**。
(3) ここで写真を一枚**撮りましょう**。
(4) この単語の意味は辞書で**調べましょう**。

☞ 「Vましょうか」比「Vましょう」语气委婉，征求意见的语感更强。

(5) お父さん、お母さん、タクシーで**行きましょうか**。
(6) あそこの喫茶店でコーヒーを**飲みましょうか**。

2. 数量词・V〈对象的数量〉

意义： 表示动作所涉及对象的数量。

接续： 名词・数量词・V

(1) ここで写真を一枚撮りましょう。
(2) 毎日、リンゴを２つ食べます。
(3) ビールは飲みませんでしたが、ワインを３杯飲みました。

☞ 描述对象的数量时，汉语时常将数量词放在表示对象的名词前面，如"一张照片""两个苹果""三杯酒"，日语则一般将数量词放在"名词+格助词"后、动词前。

3. N₁に(は)N₂がある／いる〈存在〉

意义：表示人、物存在于某处。

接续：N₁(处所)に・N₂(物体)が・あります
　　　N₁(处所)に・N₂(人、动物)が・います

译文：N₁处有N₂

(1) あそこに毛沢東の肖像画があります。
(2) 天安門の北に景山公園があります。
(3) 下に観光客がおおぜいいますね。
(4) 正門の前に王さんがいます。

「N₁に」后面接上助词「は」，可以强调、突出存在的场所。尤其在表达否定意义时，用「は」进行强调。

(5) 天安門の正面には天安門広場があります。
(6) 故宮の向こうには、景山公園があります。
(7) 教室には学生がいません。

☞ 「ありません」对应的简体形式是形容词「ない」。

(8) 部屋にはテレビがない。

4. N₂はN₁にある／いる〈所在〉

意义：表示人、物的所在之处。

接续：N₂（物体）は・N₁（处所）に・ある
　　　N₂（人、动物）は・N₁（处所）に・いる

译文：N₂在N₁处

第7課　案内

（1）故宮は天安門の北にあります。
（2）私たちは今、北京の中心にいます。
（3）高橋：すみません、王さんはいますか。
　　　鈴木：いません。
（4）高橋：すみません、お手洗いはどこにありますか。
　　　李　：1階にはありません。2階です。

☞ 此句式也可以说成「N₂はN₁(处所)です」，在口语中使用较多。

（5）故宮は天安門の北です。

5. ～んですか〈要求说明〉

意义：用于说话人基于某一前提，向对方进一步确认情况或要求对方予以说明、解释，也表达说话人吃惊或者疑惑的语气。

接续：动词、形容词连体形＋んですか
　　　　名词＋な＋んですか

说明：「ん（n）」是由「の（no）」变化而来（元音"o"脱落造成）的，一般用于口语中。

（1）父：人民大会堂もここにあるんですか。
　　　王：はい、人民大会堂は天安門の西側にあります。
（2）顔色[脸色]が悪いですね。何かあったんですか。
（3）あ、アイスクリーム！お姉ちゃんが買ったんですか。
（4）（小王看到小李很晚要出门）李さん、こんな時間にどこへ行くんですか。もう[已经]遅いですよ。

☞ 例（1）中，高桥的父亲事先知道人民大会堂在天安门广场旁边，基于这一前提，在到达天安门广场后，高桥的父亲向小王询问了人民大会堂的位置。

6. Nが見える〈可能〉

意义：表示事物映入眼帘，或者具备看到的能力。
接续：名词・が見える
译文：看得见……；看得到……

(1) そこから天安門広場が全部見えます。
(2) あそこに故宮が見えますね。
(3) 景山公園から、故宮が見えるんですか。

☞ 「見る」与「見える」的区别如下：

词语	语义侧重	自/他动词	用法
見る	主动的动作	他动词	万里の長城を見ます（眺望长城）
見える	自然的结果或能力	自动词	万里の長城が見えます（能看见长城）

解説・表現

1. そうね、そうしましょう

功能：表示赞同对方的提议或建议等。

译文：好，就按你说的办吧

2. さあ、行きましょう

功能：建议一起出发。

译文：（那我们）走吧

说明：「さあ」表示催促的语气。

3. はい、チーズ

功能：拍照时，为了让拍摄对象面带微笑而发出的口令。

说明：相当于中国拍照时说的"茄子"。

第7課　案内

練　習

A　课文理解练习

请在符合课文内容的（　）中画〇，不符合的画×。

(1) （　）天安門の正面に天安門広場があります。
(2) （　）人民大会堂は天安門広場の西側にあります。
(3) （　）景山公園から天安門広場が全部見えます。
(4) （　）天安門の北に城楼があります。
(5) （　）高橋さんとご両親は天安門の城楼で写真を撮りました。

B　基础练习

参考例句，完成句子。

1. 例　天安門に行く
　　　→　天安門に行きましょう。

(1) ここで写真を撮る　　(2) 相互学習をする
(3) ギョーザを作る　　　(4) バスで行く

2. 例　帰る
　　　→　A：帰りましょうか。
　　　　　B：ええ、そうしましょう。

(1) 先生に聞く　　(2) 8時に行く
(3) お茶を飲む　　(4) 図書館で調べる

3. 例　本を買う／2冊　→　本を2冊買いました。

(1) 小説を読む／20冊　(2) 学生が集まる／300人
(3) 北京へ行く／3回　　(4) 日本語を勉強する／2か月

4. 例　机の上／本　→　机の上に本があります。

> (1) いすの上／新聞　　　(2) テレビの横／めがね
> (3) 箱の中／くだもの　　(4) ベッドの下／かばん

5. 例　部屋／李さん
　　→　部屋に誰（どなた）がいますか。
　　→　李さんがいます。

> (1) 教室／王さん　　　　(2) 寮／陳さんと劉さん
> (3) 研究室／胡先生　　　(4) 庭／男の子と女の子

6. 例　本／机の上
　　→　A：本はどこにありますか。
　　　　B：机の上にあります。

> (1) 新聞／椅子の上　　　(2) めがね／テレビの横
> (3) くだもの／箱の中　　(4) かばん／ベッドの下

7. 例　（很晩了，看到同学还不走）まだ帰らない／もう10時だよ
　　→　まだ帰らないんですか。もう10時ですよ。

> (1) （听说朋友的宿舍有浴室）シャワーがある／うらやましいね
> (2) （看到大猫带着小猫）赤ちゃんが生まれた／かわいいね
> (3) （看到对方不吃鱼）魚、食べない／おいしいよ
> (4) （看到对方的帽子）かわいいね／どこで買った

8. 例　私の部屋／北京駅
　　→　私の部屋から、北京駅が見えます。

> (1) ここ／山　　　　　　(2) 教室／海
> (3) 私の学校／大きい橋　(4) 景山公園／故宮

第7課　案内

C 会话练习

请和你的同伴想象一个具体场景，仿照例子练习对话。

1. 谈论B不知道的事物

　　A：昨日_____に行きました。　　B：その_____は有名なんですか。
　　A：ええ、_____んです。

> 例　A：昨日中国飯店に行きました。　B：その店は有名なんですか。
> 　　A：ええ、ギョーザがおいしいんです。

2. 询问对方周六去哪里，并约定一起去。

　　A：Bさん、土曜日、どこかに行きますか。
　　B：はい、_____に行きます。
　　A：私も_____に行くんです。
　　B：そうですか。じゃあ、一緒に行きましょうか。
　　A：ぜひ。

> 例　A：Bさん、土曜日、どこかに行きますか。
> 　　B：はい。中国博物館に行きます。
> 　　A：私も中国博物館に行くんです。
> 　　B：そうですか。じゃあ、一緒に行きましょうか。
> 　　A：ぜひ。

D 拓展练习

任务：猜布局。
目标：表达物品所在位置。
形式：小组。
时间：5—10分钟。
步骤：(1) 教师准备若干用于描述布局的图片，例如：房间、校园、图书馆等。
　　　(2) 随机抽取一名同学或一个小组。
　　　(3) 被抽到的同学向其他小组描述图片中物品的位置、布局。
　　　(4) 其他小组根据描述画出该位置布局。不明白的地方可以提问。
　　　(5) 各小组展示所画内容，评出与原图最接近的图。

ユニット2

本場の中華料理

（小王帯大家在市内逛着逛着，想到応該让他们品尝一下正宗的中国菜）

王　：そろそろ11時になりますね。北京ダックでも食べませんか。
父　：いいですね。
王　：この近くに有名なお店があるんです。そこへ行きませんか。
母　：わあ、いいですね。ぜひ。
王　：12時ごろからは混むでしょう。11時半までに行きましょう。

（四人来到烤鴨店）

高橋：ああ、ここは日本でも有名ですよ。テレビ番組で紹介したんです。
王　：こちらへどうぞ。（给大家看菜単）何にしますか。
父　：まず、北京ダックですね。それと……、（指着菜単）これは何ですか。
王　：それは豚足です。肌がきれいになりますよ。
母　：いいですね。お願いします。
王　：お酒は何にしますか。
父　：ビールにします。

（菜上来以后）

母　：いただきます。
王　：どうですか。お口に合いますか。
父　：ええ、とてもおいしいです。

（飯后）

母　：ああ、おいしかった。お腹がいっぱいになりました。
高橋：私はスカートがきつくなりました。
父　：お母さん、肌がきれいになったよ。

（大家都笑了）

第7課　案内

解説・音声

1. Vでしょう

无论动词为何种声调,「でしょう」一律低读(此处「でしょう」表示说话人的推测)。

買う⓪　→か**う**でしょう　　　　行く⓪　→い**く**でしょう
読む①　→**よ**むでしょう　　　　書く①　→**か**くでしょう
怒る②　→お**こ**るでしょう　　　集める③　→あ**つめ**るでしょう

解説・語彙

1. 日语中常见的中国菜名

トンポーロー ③	东坡肉
麻婆豆腐（マーボードーフ）⑤	麻婆豆腐
青椒肉絲（チンジャオロースー）⑤	青椒肉丝
回鍋肉（ホイコーロー）③	回锅肉
酢豚（すぶた）①	糖醋里脊
エビチリ⓪	干烧虾仁
チャーハン①	炒饭
餃子（ギョーザ）⓪	饺子
ワンタン③	馄饨
担々面（タンタンメン）③	担担面
小籠包（ショウロンポウ）③	小笼包

解説・文法

1. **Nになる／A_Iくなる／A_IIになる〈変化的結果〉**

    意义：表示变化的结果。
    接续：名词＋に＋なる；A_Iく／A_IIに＋なる
    译文：变得……；变成……

    > (1) そろそろ11時になりますね。
    > (2) 肌がきれいになったよ。
    > (3) おなかがいっぱいになりました。
    > (4) 北京は寒くなりました。

2. **でも〈示例〉**

    意义：用于举例。
    接续：名词（＋格助词）＋でも

    > (1) 北京ダックでも食べませんか。
    > (2) お茶でも飲みましょうか。
    > (3) 公園にでも行きましょうか。

    ☞ 名词后的格助词是「が」「を」时，「でも」可以替代「が」「を」直接接在名词后；当名词后为其他格助词，如「に」「へ」「と」等时，可以接在格助词后使用。语气比较委婉，暗示还可以有其他选择，常用于向对方提出建议。

3. **Vませんか〈建议〉**

    意义：用于建议、邀请对方一起做某事。
    译文：不（一起）……吗？

    > (1) 北京ダックでも食べませんか。
    > (2) 一緒に公園に行きませんか。
    > (3) ここで写真を撮りませんか。

    ☞ 和「ましょう（か）」相比，「ませんか」语气比较委婉，客气礼貌。

第7課　案内

4. ～んです／～んですが〈引入话题〉

意义：用于说话人引入话题，然后就此话题向听话人提出询问、请求、邀请等。

接续：动词、形容词连体形＋んです／んですが

　　　名词＋な＋んです／んですが

说明：也可以用「ですが」「ですけど」将前后两句连接起来。

> （1）王：この近くに有名なお店がある**んです**。そこへ行きませんか。
> 　　母：わあ、いいですね。ぜひ。
> （2）遠藤先生、ちょっとお話がある**んです**。今よろしいでしょうか。
> （3）今晩カラオケに行く**んですが**、一緒に行きませんか。
> （4）あのう、コピー機の使い方［使用方法］がわからない**んですが**、……

5. そこ〈指示〉

意义：表示在谈话中刚刚提到的处所、场面或问题。

译文：那里；那儿；那一点

> （1）この近くに有名なお店があるんです。**そこ**へ行きませんか。
> （2）大学の近くにスーパーがあります。いつも**そこ**で果物やお菓子を買います。
> （3）駅の近くに喫茶店があります。私はときどき**そこ**でアルバイトをします。
> （4）人生(じんせい)は楽(らく)［轻松］ではない。**そこ**が面白い。

☞ 第3课第1单元学习的「そこ」是用于说话现场的指示，本课的「そこ」则是在谈话中的指示用法。

6. ～でしょう〈推测〉

意义：表示推测。

接续：动词/Ⅰ类形容词简体＋でしょう

　　　Ⅱ类形容词词干/名词＋でしょう

译文：……吧

(1) 12時ごろからは**混む**でしょう。
(2) 高橋：どの店がいいですか。
　　王　：そうですね。あの店が**いいでしょう**。
(3) 鈴木：あの人は大学の先生ですか。
　　趙　：**学生でしょう**。
(4) 遠藤さんも国へ**帰らなかったでしょう**。

7. 〜んです／〜の（ん）だ／〜のである〈说明理由〉

意义：用于解释、说明前面提到的事情的原因、理由。
接续：动词、形容词连体形＋んです／の（ん）だ／のである
　　　　名词＋な＋んです／の（ん）だ／のである

(1) ああ、ここは日本でも有名ですよ。日本のテレビ番組で紹介し**たんです**。
(2) 鈴木：えっ、今晩の試合を見ない**んです**か。
　　王　：ええ、明日テストがある**んです**。
(3) 明日僕は行かない。授業がある**んだ**。
(4) 昨日久しぶりに会社を休んだ。風邪を引いた**のである**。

☞ 「〜のである」用于文体正式的书面语（见本课第3单元）。

8. までに〈期限〉

意义：表示在某时限之前完成某动作、行为。
接续：时间名词・までに
译文：(在)……之前

(1) 11時半**までに**行きましょう。
(2) 本は10日**までに**返します。
(3) 寮には11時**までに**帰ります。

第7課　案内

☞ 「まで」和「までに」都可以接在时间名词之后，二者意义用法区别如下：

词语	语义侧重	译文	用法
まで	在某时点前动作、状态一直持续	（做）到……	10時まで電話します。 （电话一直打到了10点）
までに	在某时点前完成动作或发生变化	在……之前（做）	10時までに電話します。 （10点前打电话）

9. で〈范围〉

意义：表示限定的范围。

接续：名词・で

译文：在……（里）；在……（之中）

> （1）ここは日本でも有名ですよ。
> （2）このクラスでは山田さんと鈴木さんが日本人です。
> （3）北京の公園では北海公園と景山公園が好き[喜欢]です。

10. Nにする〈选择、决定〉

意义：表示选择或决定的事物。

接续：名词・にする

译文：要……；定……

> （1）（给对方看菜单）何にしますか。
> （2）お酒は何にしますか。
> （3）高橋：（在咖啡馆）私はコーヒーにします。
> 　　鈴木：私もそれにします。

解説・表現

1. わあ、いいですね。ぜひ

功能：表示非常愿意接受对方的邀请。

译文：哇！太好了！一定（去）吧！

说明：「ぜひ」可以理解成是「ぜひおねがいします」的省略句。感叹词「わあ」一般男性不用。

2. こちらへどうぞ

　　功能：用于给客人引路。

　　译文：您这边请

　　说明：「こちら」表示方向，也可以说「どうぞこちらへ」。

3. いただきます

　　功能：饭前习惯用语。

　　译文：我开始吃了

　　说明：这是日本人在吃饭前的习惯，与之相对应的是饭后说「ごちそうさまでした」，对主人、对食物表示感谢。汉语没有类似的习惯。

4. お口に合いますか

　　功能：询问对方饭菜是否可口。

　　译文：饭菜合您的口味吗？

練 習

A 课文理解练习

请在符合课文内容的（　）中画○，不符合的画×。

(1) （　）王さんたちは北京ダックを食べました。その店は日本でも有名な店です。
(2) （　）北京ダックの店は天安門の近くにあります。
(3) （　）王さんたちは１時に北京ダックの店に着きました。
(4) （　）北京ダックの店で、北京ダックは食べましたが、豚足は食べませんでした。
(5) （　）美穂さんはたくさん食べました。

第7課　案内

B 基礎練習

参考例句，完成句子。

1. 例1　夏 → 夏になりました。
   例2　暑い → 暑くなりました。
   例3　町／にぎやか → 町はにぎやかになりました。

   (1) ３時　　　　　　　　(2) お昼
   (3) 今週／忙しい　　　　(4) 暖かい
   (5) あの店／有名　　　　(6) 公園／きれい

2. 例1　北京ダックを食べる → 北京ダックでも食べませんか。
   例2　景山公園に行く → 景山公園にでも行きませんか。

   (1) ジュースを飲む　　　(2) ネットゲームをする
   (3) 音楽を聞く　　　　　(4) 喫茶店に入る

3. 例　ちょっとお願いがある／今いいですか
   → ちょっとお願いがあるんですが、今いいですか。

   (1) 連休、旅行に行く／李さんも行きませんか
   (2) 今週の金曜日、中国文学の講演を聞きに行く／李さんは興味がありますか
   (3) 来月万里の長城へ行く／一緒に行きませんか
   (4) このアプリの使い方がわからない／どうしましょうか

4. 例　李さん／留学する → 李さんは留学するでしょう。

   (1) あの公園／有名　　　(2) 学食／おいしくない
   (3) 李さん／２年生　　　(4) 李さん／宿題を提出した

5. 例　新入生歓迎パーティーに行かない／土曜日は夜８時まで授業がある
   → 新入生歓迎パーティーに行きません。土曜日は夜８時まで授業があるんです。

(1) 来週は忙しくなる／発表の準備をする
(2) 2年生の時、日本語会話は少し上手になった／日本人留学生と相互学習をした
(3) 教科書の音読はたいへんだ／教科書の録音が少し速い
(4) 寮生活は楽しいです／みんなが親切だ

6. 例　午後8時／教室で勉強する　→　**午後8時まで教室で勉強します。**

(1) 9月6日／日本にいる　　(2) 明日／学校は休みだ
(3) 午後／寝る　　　　　　(4) 年末／待つ

7. 例　午前8時／教室に行く　→　**午前8時までに教室に行きます。**

(1) 3月／国に帰る　　　　　(2) 金曜日／レポートを出す
(3) 月曜日／連絡する　　　　(4) 30歳／結婚する

8. 例　マーボー豆腐／日本／有名だ　→　**マーボー豆腐は日本で有名だ。**

(1) このアニメ／私のクラス／人気がある
(2) 月曜日／1週間／いちばん忙しい
(3) 兄／兄弟／いちばん頭がいい
(4) 猫／動物／いちばんかわいい

9. 例　会議／火曜日　→　**会議は火曜日にしましょう。**

(1) 昼食／ラーメン　　　　(2) 色／赤
(3) テーマ／こちら　　　　(4) プレゼント／マフラー

C　会話練習

请和你的同伴想象一个具体场景，仿照例子练习对话。

1. 邀请

A：一緒に_____でも_____ませんか。
B：いいですね。
A：この近くに_____があるんです。そこへ行きませんか。

第7課　案内

B：いいですね。ぜひ。

> 例　A：一緒にお茶でも飲みませんか。
> 　　B：いいですね。
> 　　A：この近くに喫茶店があるんです。そこへ行きませんか。
> 　　B：いいですね。ぜひ。

2. 点餐

A：何にしますか。

B：そうですね、＿＿＿＿にします。

A：私は＿＿＿＿にします。

> 例　A：何にしますか。
> 　　B：そうですね、ギョーザにします。
> 　　A：私はラーメンにします。

D　拓展练习

任务：介绍10年后的「〇〇」。

目标：练习预测未来的表达方式。

时间：10分钟

步骤：（1）每个人在纸条上写一个物品或事情，用来预测。

　　　　　例：10年後の「中国」

　　　（2）所有的纸条放在一起，打乱顺序。

　　　（3）教师随机抽取一个纸条。

　　　（4）学生轮流说出自己的推测。

　　　　　例：人口は10億人ぐらいになるでしょう。生活はもっと楽になる
　　　　　　　でしょう。

　　　（5）选出大家认为最有趣的话题和推测。

日本料理

　　日本人的饮食生活非常丰富，在日本经常可以见到具有异国特色的餐厅，如中餐厅、西餐厅，但最受日本人喜爱的还是本地菜肴——日本料理。

　　日本是四面环海的岛国，这一特点也反映在菜肴上。日本菜以鱼、虾、贝、蟹等海鲜为主，紫菜、海带、裙带菜等海产植物是常见的辅料。日本盛产水稻，米饭是日本人的第一主食。一顿传统的日式家常饭一般是米饭、烤鱼、炖蔬菜（野菜の煮物）、咸菜和酱汤（味噌汁），有时还佐以日本清酒。刺身（刺身）、寿司（寿司）、天麸罗（天麩羅）、日式牛肉火锅（鋤焼き）、关东煮（おでん）等都是有代表性的日本菜。酱油、醋、盐、豆酱（味增）、绿芥末（わさび）是日餐中不可缺少的调料。日本菜的突出特点是尽量生吃、偏于清淡，这样既不易破坏食物的营养成分，又能保持其新鲜味道且有益于健康。

　　日本菜注重色、形、味的统一，餐具也十分讲究，因此有人形容日本菜是"用眼睛吃（目で食べる）"的。日本菜肴精致美观，每道菜的量也比较少，但不要误以为这是日本人小气，因为他们的理念是"以少为精"。日餐很注重季节感，烹调方法、餐具的选择都会随着季节的变化而变化，春秋交替、寒暑易节均能体现在一日三餐当中。

第7課　案内

ユニット3

万里の長城

（选自旅游指南）

　　万里の長城は世界的に有名な建築物である。1987年に世界遺産になった。長さは、東の山海関から西の嘉峪関まで、約8852kmである。

　　長城はかつて軍事設備だった。春秋戦国時代、国内にはたくさんの小国があった。それぞれの国の国王は、国の周りに高い城壁を作った。それで外敵を防いだのである。

　　紀元前221年、秦の始皇帝は国を統一した。そして、各国の城壁をつないだ。秦王朝の後も、各王朝の皇帝たちは長城の建築工事を続けた。15世紀に長城はようやく今日の長城になった。

　　万里の長城には中国国内外からおおぜいの観光客が訪れる。観光客たちはここで壮大な今の景色を楽しむ。そして、過去の歴史を想像する。

解説・音声

1. N＋的

无论名词为何种声调，后接「的」构成Ⅱ类形容词时一律读成平板型。

　　一般⓪　→いっぱんてき⓪　　　文化①　→ぶんかてき⓪

2. である

名词为平板型时，「である」读成-②型。

　　教室⓪　→きょうしつである-②

名词为起伏型时，「である」一律低读。

　　寮①　→りょうである　　　部屋②　→へやである
　　正面③　→しょうめんである

解説・文法

1. Nである〈判断〉

意義：表示判断。
接続：名詞・である
訳文：是……

	肯定形式	否定形式
非过去时	である	ではない
过去时	であった	ではなかった

(1) 万里の長城は世界的に有名な建築物である。
(2) 長さは、東の山海関から西の嘉峪関まで、約8852kmである。
(3) ここは有名な観光地である。

☞ 「である」主要用于书面语，「です」「だ」则多用于口语。

第7課　案内

2. に〈客体的処所〉

意义：表示客体存在的处所。

接续：处所、方位名词・に

译文：在……

> （1）国の周りに高い城壁を作った。
> （2）あの方はこの町に家を買った。
> （3）胡先生は2階に部屋を持っている[拥有]。

練　習

A　课文理解练习

归纳课文的主要内容，并填写任务单。

紀元前221年	
春秋戦国時代	
秦王朝の後	
15世紀	
1987年	

B　基礎練習

参考例句，完成句子。

例　万里の長城は有名な建築物です
　　→ **万里の長城は有名な建築物である。**

> （1）万里の長城の長さは約8852kmです
> （2）京華大学は1952年創立の総合大学です
> （3）長城はかつて軍事設備でした
> （4）海は生命のふるさとです

ユニット3　万里の長城

C 拓展练习

任务：介绍日本的名胜古迹。

目标：练习简单地介绍日本的名胜古迹，了解日本文化。

形式：分组。

步骤：(1) 分组，各小组确定调查内容。

(2) 利用网络，查阅相关书籍等，收集有关日本名胜古迹的资料。可以围绕所在地、出现的时间、魅力之处等进行介绍。

(3) 用ppt的形式向全班介绍调查的内容。

知识问答（1）

请用日语说出以下名胜古迹分别位于哪个国家的哪个城市。

自由の女神　　赤の広場　　ピサの斜塔
（じゆう めがみ）　（あか ひろば）　（しゃとう）

****

---

*答案见第8课最后

第8課　学生生活

学習目標

1. 能够用日语询问、解释词语或概念。

2. 能够用日语叙述简单的操作方法。

3. 能够用日语汇报自己的近况。

语法学习要点

ユニット1
① 动词的第二连用形
② Vている（1）〈持续动作〉
③ Vていた〈过去持续动作〉
④ Vましょう／Vましょうか〈意志、征求同意〉
⑤ って〈话题〉
⑥ と〈引用〉
⑦ 动词的体

ユニット2
① Vている（2）〈结果状态〉
② Nがわかる〈理解〉
③ もうVた〈已完成〉
④ まだVていない〈未完成〉
⑤ V₁て、V₂て、V₃〈连续动作〉

ユニット3
① Vている（3）〈习惯、反复动作〉
② N₁で（は）N₂がある〈事件的存在〉
③ Vて〈并列〉

ユニット１

宿題

（小王和铃木等人在参加晚会）

王　：高橋さん、来ませんね。

鈴木：さっき、留学生会館の自習室で宿題を
　　　していましたよ。電話しましょうか。

王　：そうですね。じゃあ、私がしましょう。

　　　（用手机给高桥打电话）

　　　もしもし、高橋さん、王です。今どこ
　　　ですか。

高橋：すみません。まだ自習室です。

王　：みんな、待っていますよ。どうしたんですか。

高橋：すみません。翻訳の宿題をしているんです。

王　：宿題ですか。

高橋：はい。朝からずっと辞書を引いているんです。あのう、すみま
　　　せん。"点击"って何ですか。

王　：ああ、「クリック」です。

高橋：あ、クリックですか。あ、それから「ファイル」は中国語で何と言うん
　　　ですか。

王　："文件"です。

高橋："文件"ですね。助かりました。どうも
　　　ありがとうございました。

王　：いいえ、どういたしまして。高橋さん、
　　　何時ごろ終わりますか。

高橋：そうですねえ。あと30分ぐらいかかりま
　　　す。すみません。

王　：わかりました。待っています。

第8課　学生生活

> 解説・音声

1. Vている

动词为平板型时，「Vている」仍为平板型。
　　買う⓪→かっている⓪　　　　　行く⓪→いっている⓪

动词为起伏型时，「Vている」原则上读成-5型。
　　読む①→よんでいる-5　　　　　書く①→かいている-5
　　作る②→つくっている-5　　　　集める③→あつめている-5

2. Vています

动词为平板型时，「Vています」读成-2型。
　　買う⓪→かっています-2　　　　行く⓪→いっています-2

动词为起伏型时，「Vています」原则上读成-6型。
　　読む①→よんでいます-6　　　　書く①→かいています-6
　　作る②→つくっています-6　　　集める③→あつめています-6

3. Vていました

动词为平板型时，「Vていました」读成-3型。
　　買う⓪→かっていました-3　　　行く⓪→いっていました-3

动词为起伏型时，「Vていました」原则上读成-7型。
　　読む①→よんでいました-7　　　書く①→かいていました-7
　　作る②→つくっていました-7　　集める③→あつめていました-7

解説・語彙

1. 辞書を引く

「辞書を引く」是固定搭配，"查词典"的意思。当想表达在词典里查某个字或内容时，多用「辞書で～を調べる」。例如：

(1) ずっと辞書を**引い**ています。（一直在查词典。）
(2) 辞書でこの言葉の意味を**調べた**。（在词典里查了这个词的意思。）

解説・文法

1. 动词第二连用形

动词接「て」时的活用方式是动词的连用形之一，本书称之为第二连用形，标记为「Ⅴて」。其变化规则与动词的简体过去时「Ⅴた」完全相同。

(1) Ⅰ类动词的变化规则

Ⅰ类动词音变类型	简体非过去时（词典形）	第二连用形
イ音变	書く	書いて
	急ぐ	急いで
促音变	買う	買って
	立つ	立って
	送る	送って
拨音变	死ぬ	死んで
	運ぶ	運んで
	読む	読んで
不发生音变	話す	話して

☞ 有的教材将「Ⅴて」称为动词的"て形"。

☞ 有个别变化不规则的动词，需要特别注意。例如：「行く」按规则应该发生"イ音变"，但实际上它却发生"促音变"，变为「行って」。

(2) Ⅱ类动词和Ⅲ类动词的变化规则

动词类型	简体非过去时（词典形）	第二连用形
Ⅱ类动词	見る	見て
	集める	集めて
Ⅲ类动词	来る	来て
	する	して

2. Vている（1）〈持续动作〉

意义：表示某一动作正在进行。

译文：正在……；在……；……呢

接续：Vて＋いる

说明：这里的V为动作动词。（动作动词、变化动词的解说见第9课第2单元语法专栏（2））

　　(1) みんな、**待っています**よ。どうしたんですか。
　　(2) 李さんは今、図書館で日本語を**勉強している**。
　　(3) 高橋さんはお母さんに手紙を**書いている**。
　　(4) 鈴木：何を**しています**か。
　　　　高橋：インターネットで資料を**探しています**。

3. Vていた〈过去持续动作〉

意义：表示在过去的某一时段或时点上的持续动作。

译文：（过去，刚才，那时）在……；……来着

接续：Vて＋いた

说明：这里的V也是动作动词。

　　(1) （高橋さんは）さっき、留学生会館の自習室で宿題を**していましたよ。**
　　(2) 午前中は図書館で**勉強していました**。
　　(3) 8時から10時まではテレビを**見ていた**。
　　(4) 午後の3時ごろ、インターネットで資料を**調べていた**。

4. Vましょう／Vましょうか〈意志、征求同意〉

意义：「Vましょう」在这里表示说话人要进行某一动作的意志；「Vましょうか」除了表示说话人的意志以外，还含有征求对方同意的语气。

译文：……吧

接续：动词第一连用形＋ましょう／ましょうか

> (1) 鈴木：**電話しましょうか**。
> 　　王　：そうですね。じゃあ、私が**しましょう**。
> (2) 高橋：**手伝いましょうか**。
> 　　李　：すみません。お願いします。
> (3) 王　：**案内しましょうか**。
> 　　高橋：いいえ、けっこうです。
> (4) 趙　：今日は私が料理を**作りましょう**。
> 　　高橋：そうですか。ありがとう。

☞ 「Vましょう／Vましょうか」表达说话人意志的用法仅限于第一人称句。「Vましょう／Vましょうか」还可以表示建议（见第7课第1单元）。

5. って〈话题〉

意义：用于提出话题。

接续：名词＋って

说明：在口语中使用。

> (1) "点击"って何ですか。
> (2) 鈴木さんってどんな人ですか。
> (3) ファイルって"文件"ですか。
> (4) 北京ダックっておいしいですね。

6. と〈引用〉

意义：表示引用（直接引语）或提示内容。

说明：书写时，所引用的内容大多用引号表示。

(1) 高橋：「ファイル」は中国語で何と言うんですか。
　　 王　："文件"です。
(2) 王　："手机"は日本語で何と言いますか。
　　 高橋：「携帯電話」と言います。
(3) 王と申します。どうぞよろしくお願いします。

7. 动词的体

　　日语的动词具有"体"这个语法范畴，所谓体是通过词形的变化表示运动（动作、变化、状态）处于何种状态的语法范畴。日语的体由完整体和持续体构成，完整体表示完整的动作、变化、状态，持续体则表示动作、状态的持续以及动作的结果或变化结果的持续。

　　持续体的表达方式是「Vている／Vていない、Vていた／Vていなかった；Vています／Vていません、Vていました／Vていませんでした」，即在「Vて」后面接「いる／いない、いた／いなかった；います／いません、いました／いませんでした」。

　　日语动词的体与其他语法范畴的关系可以归纳如下（以动词「読む」「見る」「来る」「する」为例）：

		简体		敬体	
		肯定形式	否定形式	肯定形式	否定形式
完整体	非过去时	読む 見る 来る する	読まない 見ない 来ない しない	読みます 見ます 来ます します	読みません 見ません 来ません しません
完整体	过去时	読んだ 見た 来た した	読まなかった 見なかった 来なかった しなかった	読みました 見ました 来ました しました	読みませんでした 見ませんでした 来ませんでした しませんでした
持续体	非过去时	読んでいる 見ている 来ている している	読んでいない 見ていない 来ていない していない	読んでいます 見ています 来ています しています	読んでいません 見ていません 来ていません していません
持续体	过去时	読んでいた 見ていた 来ていた していた	読んでいなかった 見ていなかった 来ていなかった していなかった	読んでいました 見ていました 来ていました していました	読んでいませんでした 見ていませんでした 来ていませんでした していませんでした

解説・表現

1. もしもし
功能：打电话时，用于引起对方注意的习惯用语。
译文：喂
说明：由于智能手机具备来电显示功能，因此「もしもし」的使用场景有所减少。

2. どうしたんですか
功能：询问对方发生何事。
译文：怎么了？出什么事儿了？（医生问病人时）哪儿不舒服？

3. 待っています
功能：用于与对方约定时间时，表示不见不散。
译文：我等着你
说明：本单元会话中出现了两个「待っています」。第一个是动词的一般用法，"我们大家都在等你呢"的意思，表示此时间点正在等候对方。第二个表示将在约定时间、地点等候对方，"不见不散"的意思。

4. 助かりました
功能：用于受到对方帮助后表示感谢。
译文：真是帮了我大忙了

5. どういたしまして
功能：回应对方的感谢。
译文：不客气；不谢
说明：如果关系比较亲密，有时只说「いいえ」或「いえいえ」等。

第8課　学生生活

A 课文理解练习

请在符合课文内容的（　）中画○，不符合的画×。

(1) （　）王さんや鈴木さんたちがパーティーをしています。
(2) （　）高橋さんはまだ来ていません。
(3) （　）高橋さんは作文の宿題をしています。
(4) （　）高橋さんは"点击"の発音がわかりません。
(5) （　）王さんは自習室へ行って高橋さんのお手伝いをしました。
(6) （　）高橋さんはあと30分ぐらいで、パーティーに行きます。

B 基础练习

参考例句，完成句子。

1. 例　終わる　→　終わって

(1) する　　　(2) 来る　　　(3) 会う　　　(4) 聞く
(5) 出す　　　(6) 待つ　　　(7) 遊ぶ　　　(8) 飲む
(9) 始まる　　(10) 見る　　 (11) 帰る　　 (12) 行く

2. 例　山田さん／本／読む　→　山田さんは今、本を読んでいます。

(1) 張さん／ギター／弾く　　　(2) 李さん／電話／する
(3) 田中さん／お皿／洗う　　　(4) 母／料理／作る

3. 例1　部屋を掃除する／（○）
　　→　A：部屋を掃除しましょうか。
　　　　B：ええ、お願いします。
　　例2　黒板を消す／（×）
　　→　A：黒板を消しましょうか。
　　　　B：いいえ、けっこうです。

(1) 手伝う／（○）　　　（2) お皿を並べる／（○）
(3) 駅まで送る／（×）　　（4) この箱を運ぶ／（×）

4. 例　クリック／"点击"
　　　→ A：「クリック」って何ですか。
　　　　 B："点击"です。

(1) 「サボる」／"逃学"　　　(2) 「八百屋」／"蔬菜店"
(3) 「スープ」／"汤"　　　　(4) 「デパート」／"百货商店"
(5) 「ニュース」／"新闻"　　(6) 「さしみ」／"生鱼片"

5. 例　"熊猫"／「パンダ」
　　　→ A："熊猫"は日本語で何と言うんですか。
　　　　 B：「パンダ」と言います。

(1) "烤鸭"／「北京ダック」　　(2) "动画片"／「アニメ」
(3) "二维码"／「QRコード」　　(4) "我爱你"／「愛してる」

C　会話練習

请和你的同伴想象一个具体场景，仿照例子练习对话。

1. 开始做事之前发现有成员未到

A：じゃ、＿＿＿＿を始めましょうか。
B：そうですね。あれ？ 鈴木さんは？
A：さっき、＿＿＿＿よ。電話しましょうか。
B：そうですね。じゃあ、お願いします。

例　A：じゃ、勉強会を始めましょうか。
　　 B：そうですね。あれ？ 鈴木さんは？
　　 A：さっき、部屋で寝ていましたよ。電話しましょうか。
　　 B：そうですね。じゃあ、お願いします。

第8課　学生生活

2. 打电话邀请

A：もしもし、Bさんですか。Aです。

B：あ、Aさん。こんにちは。

A：今、Cさんと＿＿＿＿＿ですが、Bさんも一緒にどうですか。

B：ああ、いいですね。ぜひ。

A：じゃあ、待っています。

> 例　A：もしもし、Bさんですか。Aです。
> 　　B：あ、Aさん。こんにちは。
> 　　A：今、Cさんとギョーザを作っているんですが、Bさんも一緒にどうですか。
> 　　B：ああ、いいですね。ぜひ。
> 　　A：じゃあ、待っています。

D　拓展练习

任务：描述照片。

目标：练习描述人物的动作。

步骤：（1）每人准备一张有多个人物的照片或图片，并给照片中的人物编号。

（2）照片主人向其他同学说明照片中某个人物的名字，并说明他正在做什么。

（3）其他同学猜测照片中哪个人物是照片主人说明的人物。

ユニット2

オンライン決済

（某天晚饭前，小王和铃木看见高桥拿着手机在做着什么）

王　　：高橋さん、もう夕食の時間が始まっていますよ。何をしているんですか。

高橋：このオンライン決済の方法がわからないんです。

鈴木：銀行口座はもうスマホに登録しましたか。

高橋：いえ、まだしていません。

（铃木指导高桥在手机上操作）

鈴木：じゃあ、まず、オンライン決済のアプリを開いて、マイページを押して、銀行カード登録を選びます。銀行カードの情報を入力して、口座を登録します。

高橋：すごーい、鈴木さん。詳しいですね。
　　　（高桥注册账号）はい、登録しました。

鈴木：何を買うんですか。

高橋：この本です。

鈴木：じゃ、まず、この本をカートに入れて、それから"結算"のボタンを押して。

高橋：えーっと、カートに入れて、"結算"をタップして……と。

鈴木：はい。次にここに住所と電話番号を入力します。

高橋：はい、入力しました。

鈴木：あと、この"提交订单"のボタンを押して、暗証番号を入力します。

高橋：はい。わあ、できました。鈴木さん、中国ネット通ですね。ありがとうございました。

（铃木得意洋洋。王一言不发，显出不太高兴的样子）

第 8 課　学生生活

> 解説・音声

1. Vて

　　动词为平板型时，「Vて」仍为平板型。
　　　　買う⓪→かって⓪　　　行く⓪→いって⓪
　　动词为起伏型时，「Vて」原则上读成-3型。
　　　　読む①→よんで-3　　　書く①→かいて-3
　　　　作る②→つくって-3　　集める③→あつめて-3

2. Vていません

　　动词为平板型时，「Vていません」读成-2型。
　　　　買う⓪→かっていません-2　　行く⓪→いっていません-2
　　动词为起伏型时，变成「Vていません」形后，到「て」为止声调与「Vて」相同，「いません」相对独立，通常读成③型，但其绝对音高比前面略低。
　　　　読む①→よんで・いません　　書く①→かいて・いません
　　　　作る②→つくって・いません　集める③→あつめて・いません

> 解説・語彙

1. オンライン決済

　　自1994年世界上诞生二维码后，中国是较多利用二维码推广在线支付的国家。微信支付（ウィーチャットペイ）、支付宝支付（アリペイ）等在日本也得到了普遍认可。尤其是中国在世界上首先掌握5G技术后，各种依托互联网的在线服务极大方便了人们的生活。如：「オンライン教育」（在线教育）、「オンライン授業」（网课）、「オンライン会議」（网络会议）、「オンライン上映」（网络上映）、「ライブコマース」（直播带货）等等。

解説・文法

1. Vている(2)〈結果状态〉

意义：表示变化结果的状态。

译文：……了；……着

接续：Vて＋いる

说明：这时的V为变化动词。

> (1) もう夕食の時間が**始まって**いますよ。
> (2) もう外は暗く**なっている**。
> (3) 兄は日本に**行っている**。
> (4) 高橋さんはもう**来て**いますよ。

「Vています」还可以表示单纯的状态。

> (5) このページは画面が二つに**わかれている**。
> (6) 私は高橋さんを**知っています**。
> (7) あの店はいつも**混んでいる**。

2. Nがわかる〈理解〉

意义：表示对人或事物的了解，人或事物一般用「が」表示。

译文：明白；了解；懂

> (1) この**オンライン決済**がわからないんです。
> (2) この漢字の**意味**がわかりますか。
> (3) あの人は**フランス語**がわかる。

3. もうVた〈已完成〉

意义：表示该动作已经完成。

译文：已经……了

接续：副词「もう」＋Vた

第 8 課　学生生活

(1) 銀行口座は**もう**スマホに**登録しましたか**。
(2) そのことは**もう**お母さんに**話しましたか**。
(3) 王さんは**もう**帰った。

4. まだＶていない〈未完成〉

意義：表示预计或应该进行的动作尚未进行。
译文：还没……；尚未……
接续：副词「まだ」＋Ｖていない
说明：可以用作对「もうＶたか」这一问句的否定性回答，意为将来有可能进行该动作。

(1) 鈴木：銀行口座はもうスマホに登録しましたか。
　　 高橋：いえ、**まだしていません**。
(2) 鈴木：王さんはもう来ましたか。
　　 高橋：いいえ、**まだ来ていません**。
(3) 朝から**まだ**何も**食べていない**。

5. Ｖ₁て、Ｖ₂て、Ｖ₃〈连续动作〉

意義：表示连续进行的几个动作在时间上的先后顺序。
译文：（先）……之后，……
接续：两个以上的「Ｖて」连用

(1) まず、オンライン決済のアプリを**開いて**、マイページを**押して**、銀行カード登録を**選びます**。
(2) 朝**起きて**、**運動をして**、**食事をして**、会社へ行く。
(3) 昨日の休みに、友達と一緒に町へ**行って**、**買い物をして**、映画を**見た**。

ユニット2　オンライン決済

解説・表現

1. すごーい、～さん

功能：用于夸奖对方。
译文：（你）真行；……真不得了
说明：不能对长辈或上级使用。

2. えーっと

功能：一时没有想好下边该接着说的话，或者在思考接下去该怎么说、怎么做时，不由自主发出的声音。
译文：嗯……
说明：过多使用有时会给人留下语无伦次、记忆力差等不良印象。

3. ……と

功能：引用。
说明：口语中在重复交谈中的重要信息时，经常在句尾加上「と」，表示引用。

4. わあ、できました

功能：因为做好了一件事而感到高兴。
译文：啊呀，做好了！完成了！

練　習

A 课文理解练习

请在符合课文内容的（　）中画〇，不符合的画×。

(1)（　）まずスマホに銀行口座を登録して、それからオンライン決済をします。

第8課　学生生活

(2) （　）銀行カードにオンライン決済の情報を登録します。
(3) （　）オンライン決済は暗証番号が必要です。
(4) （　）鈴木さんもオンライン決済のことがよくわかりません。

B　基础练习

参考例句，完成句子。

1. 例　電気がついています。

2. 例1　テーマ・決める／（○）
　　　→A：もう、テーマは決めましたか。
　　　　B：はい、もう決めました。
　　例2　テーマ・決める／（×）
　　　→A：もう、テーマは決めましたか。
　　　　B：いいえ、まだ決めていません。

(1) 旅行の計画・決める／（×）
(2) 部屋・掃除する／（○）
(3) 今朝の新聞・読む／（×）
(4) 宿題の作文・書く／（○）

3. 例　アプリを開く／マイページを押す／銀行カード登録を選ぶ
　　　→アプリを開いて、マイページを押して、銀行カード登録を選びます

(1) ふたを開ける／お湯を入れる／3分待つ
(2) 家に帰る／お風呂に入る／寝る
(3) お金を入れる／選択ボタンを押す／飲み物を取る
(4) 本を開く／コピー機の上に置く／枚数を決める／ボタンを押す
(5) アプリを開く／お店のQRコードをスキャンする／金額と暗証番号を入れる

C 会话练习

请和你的同伴想象一个具体场景，仿照例子练习对话。

1. 询问是否已做出决定

　　A：もう_____は決めましたか。

　　B：いいえ、まだ決めていません。今、考えています。

> 例　A：もう作文のテーマは決めましたか。
> 　　B：いいえ、まだ決めていません。今、考えています。

D 拓展练习

　　找一个你认为新奇、有趣的电子产品或者app，把它的使用方法介绍给同学们。可以展示实物也可以使用图片、视频。看一看谁找的产品最引起大家的兴趣！

知识问答（2）

你知道以下单词用日语怎么说吗？其中哪个词来自日语？

电视　　　电影　　　电话　　　电冰箱

＊答案见第9课最后

第8課　学生生活

ユニット3

報告書

東西大学
留学生センター
村井かおり先生

ご無沙汰しています。
中国京華大学語学留学生の高橋美穂です。
いつもお世話になっております。
私の留学体験を報告します。

　8月の末に北京に来て、3か月経ちました。毎日とても充実しています。
　京華大学には、中国各地から、また、世界中の国々から学生が来ています。学生の大多数は大学の寮に住んでいます。私の寮の部屋は二人部屋で、ルームメイトも日本人の語学留学生です。
　中国の大学生は、よく勉強します。朝7時に起きて、予習をして、教室に行きます。授業は月曜日から金曜日までの8時から16時40分までです。空き時間には、学生たちはよくキャンパスのベンチに座って、外国語の教科書を音読しています。
　語学留学コースの授業は8時から12時までです。午後は自習時間です。
　私は日本の大学であまり勉強しませんでした。いつもアルバイトをたくさんしていました。今は、一所懸命勉強しています。中国では毎週試験があります。大変ですが、頑張ります。
　京華大学ではおおぜいの学生が日本語を勉強しています。私は日本語学科の親切な学生たちと友達になりました。彼らに日本語を教えて、彼らから中国語を習っています。これからも友達たちと一緒に勉強を頑張ります。
　それでは、またご報告します。

高橋美穂
11月28日

解説・語彙

1. 复数的表达方式

　　日语表示人物或动物复数概念的后缀有「•方（がた）」「•達（たち）」「•等（ら）」「•共（ども）」。「•方（がた）」敬意最高，常用的有「先生方」。「•達（たち）」不像「•方（がた）」充满敬意，也不居高临下，但不用于十分敬重的人。「•等（ら）」「•ども」接第一人称或自己一方时表示谦虚，接其他人称时有轻蔑的语气。但本课中出现的「彼ら」是习惯用法，目前的使用频率远远超过「彼たち」，没有轻蔑的语气。

解説・文法

1. Vている（3）〈习惯、反复动作〉

意义：表示习惯性的、反复进行的或长期进行的动作。
接续：Vて＋いる

> （1）学生の大多数は大学の寮に**住んでいます**。
> （2）高橋さんは毎日中国語で日記を**書いている**。
> （3）私は最近、テレビを**見ていない**。
> （4）京華大学ではおおぜいの学生が日本語を**勉強しています**。

2. N₁で(は)N₂がある〈事件的存在〉

意义：表示在某一地方发生某一事件。
接续：表示处所的名词・で（は）・动作性名词・がある
译文：N₁处有（发生）N₂

> （1）中国**では**毎週試験**があります**。
> （2）昨日北海道（ほっかいどう）**で**地震（じしん）**がありました**。
> （3）午後、会議室で留学説明会**がある**。
> （4）来週、東京でサッカーの試合**がある**。

第8課　学生生活

☞ 「N₁に（は）N₂がある」（第7課第1単元）表达的是事物的存在，「N₁で（は）N₂がある」表达的是事件的存在，二者不同。

3. Vて〈并列〉

意义： 表达两件事情的并列。

接续： 前后两个句子用「Vて」连接

> (1) 私は彼らに日本語を**教えて**、彼らから中国語を習っています。
> (2) 高橋さんは3人兄弟で、上にお姉さんが**いて**、下に弟さんがいます。
> (3) 王さんの発表は10時20分に**あって**、李さんの発表は11時15分にあります。
> (4) 私は日本語を**選んで**、兄はフランス語[法语]を選びました。

解説・表現

1. ご無沙汰しています

功能： 对久违的人的寒暄，或对自己许久没有问候表示歉意。

译文： 好久不见了；久疏问候。

说明： 这是一种比较客气的表达方式，多对长辈或上级使用。

2. いつもお世話になっております

功能： 寒暄语，对对方的关照表示感谢。

译文： 感谢您一直以来的关心照顾；一直以来，承蒙关照

说明： 直接见面、电话、邮件、书信均可使用。「Vております」是「Vています」的自谦用法。尊敬程度不太高时，可以直接使用「いつもお世話になっています」。

3. それでは、またご報告します

功能： 给上级或长辈信件、邮件的结束语。
译文： 以后还会向您汇报我的学习情况
说明：「ご～する」是自谦用法，本课暂时作为固定搭配理解，以后在敬语部分再系统学习。

練習

A 课文理解练习

请在符合课文内容的（ ）中画〇，不符合的画×。

(1) （ ）高橋さんは8月末に北京で、中国語の勉強をしています。
(2) （ ）京華大学には世界各国から、おおぜいの留学生が来ています。
(3) （ ）高橋さんの寮の部屋は一人部屋です。
(4) （ ）語学留学コースの授業は8時から12時までです。夜は自習の時間です。
(5) （ ）高橋さんは日本でも一所懸命勉強しました。
(6) （ ）高橋さんはよく日本語学科の学生に日本語を教えています。

B 基础练习

参考例句，完成句子。

1. 例　私／大学／日本語を勉強する
　　　→私は今、大学で日本語を勉強しています。

(1) 李さん／アメリカ／法律を勉強する
(2) キムさん／韓国／中国語を教える
(3) 鈴木さん／図書館／働く
(4) 先輩／日本料理屋／アルバイトをする

第8課　学生生活

2. 例　日本の雑誌／あの店／売る
　　→ 日本の雑誌はあの店で売っています。

(1) 呉先生／京華大学／勤める
(2) 木村さん／ネットカフェ／働く
(3) あの店／マントウ／売る
(4) 三保さん／東西大学／通う

3. 例　来週の金曜日／１年生の教室／パーティー
　　→ 来週の金曜日に、１年生の教室でパーティーがある。

(1) 2022年／北京／オリンピック
(2) 昨日／会議室／発表会
(3) 明日／ＬＬ教室／聴解の試験
(4) 来週／運動場／サッカーの試合

C　拓展练习

任务：写信。

目标：练习写书信。

内容：用日语给教你《综合日语》的老师写一封信，汇报一下你的大学生活以及你上大学以来的感受。

日本人的「先輩」意识

　　和日本学生接触，经常可以听到他们称比自己年级高的学生为「先輩」，称比自己年级低的学生为「後輩」。「先輩」是对年级高的学生的一种充满敬意的称呼，可用来直接称呼对方，如「先輩、今ちょっといいですか」，也可以在「先輩」前加上姓。「後輩」一般不用于直接称呼对方，只用于客观陈述，如「鈴木君は僕の後輩です」。

　　在汉语中没有和「先輩」「後輩」完全对等的词，近似的说法有"学长、学姐、师兄、师姐"和"学弟、学妹、师弟、师妹"等。在公司或政府机关里，日本人也习惯称比自己工作早、资历老的人为「先輩」，中国人没有这样的习惯，因此在汉语中很难找到与之对应的词。

　　日本人的这种「先輩」意识有其独特的历史文化背景。自古以来日本的农业以水稻为主，插秧收割、引水灌溉都需要大家齐心协力、集体劳作，久而久之，这种「稲作文化」使人们逐渐形成了"集团归属意识"。在一个集体中人们会按年龄、资历排出彼此间身份地位的顺序，每个人的言行举止都要与其在集体中的位置相符。在这种拟家族的集体中，「先輩」有义务指导和帮助「後輩」，反过来，「後輩」也应尊重和服从「先輩」。

第7课　知识问答（1）答案

自由の女神（アメリカ・ニューヨーク）	自由女神像（美国—纽约）
赤の広場（ロシア・モスクワ）	红场（俄罗斯—莫斯科）
ピサの斜塔（イタリア・ピサ）	比萨斜塔（意大利—比萨）

第 9 課　買い物

学习目标

1. 能够用日语购物。

2. 能够阅读简单的日文产品说明书。

语法学习要点

ユニット1

① Vたい〈愿望〉
② が〈顺接〉
③ Nができる〈能力〉
④ それに〈并列、累加〉
⑤ 动词的能动态
⑥ 形式名词「の」
⑦ で〈限定（数量、时间）〉
⑧ N₁（＋格助词）のN₂〈动词词组名词化〉
⑨ Nがほしい〈愿望〉
⑩ で〈材料〉
⑪ から〈原材料、成分〉

ユニット2

① ～でございます〈判断（礼貌）〉
② いくら〈疑问（价格）〉
③ 数量词＋も〈主观多量〉
④ だけ〈限定〉
⑤ Nしか～ない〈限定〉
⑥ Vてください〈请求〉
⑦ Nをください〈索要〉

ユニット3

① Vることができる〈可能〉
② 动词的第一连用形表示并列
③ ずつ〈等量〉

ユニット１

ショッピングモールで

（高桥的学姐加藤直子来北京观光，王和高桥陪她去购物）

加藤：すみません、王さん、おみやげが買いたいんですが、どこがいいですか。
王　：そうですねえ。一緒にショッピングモールに行きましょうか。いろんなおみやげがありますよ。
加藤：そうですか。日本語で買い物ができますか。
王　：日本語ができる店員さんもいますよ。それに僕も一緒に行きます。
加藤：すみません。じゃあ、お願いします。

（在购物中心）
加藤：あのう、私、チャイナドレスが買いたいんですが……。
王　：じゃ、４階ですね。
高橋：300元ぐらいでシルクのが買えますよ。

（三人在4楼的女装柜台看旗袍）
店員：いらっしゃいませ。チャイナドレスですか。こちらはいかがですか。
加藤：これは色が暗くて地味ですね。
店員：じゃあ、こちらはいかがですか。
加藤：あ、これはきれいですね。試着はできますか。
店員：はい、こちらへどうぞ。

（穿好旗袍）
加藤：どうですか。
高橋：わぁ、すてき。ねえ、王さん。
王　：そうですね。
加藤：じゃあ、これにします。
高橋：シルクのブラウスや中国刺繍のハンカチもありますよ。
加藤：いいですね、買います。ハンカチを５、６枚と、ブラウスを１、２枚。それか

第9課　買い物

ら、家族と友達へのおみやげがほしいんですが……。（又转了一圈）
王　　：漢方薬はどうですか。
加藤：それは何ですか。
王　　：栄養剤です。100％天然成分でできています。鹿の角や蛇の皮から作ります。
加藤：いえ、それはちょっと……。うーん、中国茶にします。

（来到卖茶叶的柜台）
加藤：このジャスミン茶を500グラムと、茶器セットを一つ。それから、最後に紹興酒を２本。
高橋：加藤さん、それ、全部持てますか。

解説・音声

1. Ｖたい

　　　動詞为平板型时，「Ｖたい」读成⓪型或-②型，但后接「です」「と思う」等时，其读法与起伏型动词的情形相同。
　　　　買う⓪→か**いたい**／か**いたい**・か**いたい**です・か**いたい**とおもう
　　　動詞为起伏型时，「Ｖたい」读成-②型。
　　　　読む①→よ**みたい**・よ**みたい**です・よ**みたい**とおもう
　　　　作る②→つ**くりたい**・つ**くりたい**です・つ**くりたい**とおもう
　　　　集める③→あ**つめたい**・あ**つめたい**です・あ**つめたい**とおもう

2. Ｎから

　　　名词为平板型时，「から」高读。
　　　　教室⓪　→きょうしつから
　　　名词为起伏型时，「から」低读。
　　　　寮①　→り**ょう**から　皮②→か**わ**から　あした③→あし**た**から

3. 动词能动态

动词能动态的声调与该动词词典形的声调相同。

平板型动词：買う⓪→かえる⓪　　　　行く⓪→いける⓪

起伏型动词：読む-②→よめる-②　　　書く-②→かける-②

　　　　　　作る-②→つくれる-②　　集める-②→あつめられる-②

解説・語彙

1. 常见茶叶名称

　　日本人与中国人一样喜欢饮茶，「茶道（さどう）」一词也为中国人所熟悉。下面是几种常见茶叶的名称：

　　緑茶（りょくちゃ）⓪ 绿茶　　　　紅茶（こうちゃ）⓪ 红茶
　　ジャスミン茶（ジャスミンちゃ）③④ 茉莉花茶
　　ウーロン茶（ウーロンちゃ）③ 乌龙茶
　　黒茶（こくちゃ、くろちゃ）⓪ 黑茶
　　プーアル茶（プーアルちゃ）③ 普洱茶
　　白茶（はくちゃ、しろちゃ、パイチャ）⓪ 白茶

解説・文法

1. Vたい〈愿望〉

　　意义：表示说话人的愿望。

　　译文：想……；想要……

　　接续：动词的第一连用形＋たい

　　说明：非过去时一般只能用于第一人称，用于第三人称时需要使用派生动词「Vたがる」的形式或相应地改变形态（今后学习）。当V是他动词时，其「を」格补足语可以用「が」格，也可以用「を」格；但派生动词「Vたがる」的「を」格补足语只能用「を」来表示。总结如下图：

第9課　買い物

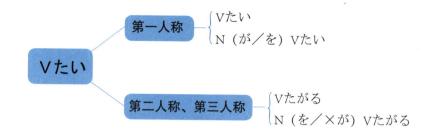

(1) おみやげが**買いたい**です。
(2) 有名な大学に**入りたい**です。
(3) 今日はあの人に**会いたくありません**。
(4) 父は新しいパソコンを**買いたがっています**。
(5) 小学校のときの先生が会いに来ましたが、そのとき田中さんはいませんでした。先生は田中さんに**会いたがっていました**。

☞ 询问对方的愿望时，使用「Vたいですか」有时显得不礼貌，这种场合下一般可以用「～はどうですか」或「～はいかがですか」等表达方式。

(6) ？？趙さん、コーヒーを**飲みたい**ですか。
　→趙さん、コーヒーは**どうですか／いかがですか**。

☞ 非自主动词一般不能接「～たい」（非自主动词的解说见本课第2单元语法专栏(2)）。

(7) ×早く**できたい**です。
(8) ×日本語が**わかりたい**です。

2. が〈順接〉

意义： 表示前后两个句子是顺接的关系，用于自然地引出下面的话题。后句内容一般表示疑问、建议、请求之意，有时可以省略。

接续： 前句＋が、后句

(1) おみやげが買いたいんです**が**、どこがいいですか。
(2) 日本料理が食べたいんです**が**、この近くにおいしいお店がありますか。
(3) 来週の発表です**が**、どんなテーマがいいでしょうか。
(4) すみません、駅に行きたいんです**が**。

3. Nができる〈能力〉

意义：表示具备某种能力。
译文：能……；会……
接续：名词＋が＋できる

> (1) 日本語で**買い物**ができますか。
> (2) 王さんは**テニス**ができます。
> (3) あの店員は**日本語**も**英語**もできます。

4. それに〈并列、累加〉

意义：表示并列、累加。
译文：而且；并且；以及
接续：词、词组或句子之间

> (1) 日本語ができる店員さんもいますよ。**それに**僕も一緒に行きます。
> (2) 中国人の友達はみんな親切です。**それに**日本語も上手です。
> (3) スーパーへ行って、パンとコーヒー、**それに**果物を買いました。

☞ 表达并列、累加的意思时，「それに」与「そして」用法相同。「そして」还可以表达两个动作的先后顺序，「それに」则没有该用法。

> (4) 夜9時から11時まで勉強する。{そして／×それに}、11時半に寝る。

5. 动词的能动态

意义：表示具有某种能力，或者动作、行为的可能性。
译文：能……；会……；可以……
说明：能动态是日语动词语态（ヴォイス）中的一种，动词变为能动态的规则如下：

第9課　買い物

动词 类别	词典形（主动态）⇒能动态	词例
Ⅰ类 动词	词尾「う」段假名→「え」段假名+「る」 書く→書け+る＝書ける 送る→送れ+る＝送れる	買う―買える　行く―行ける　泳ぐ―泳げる 話す―話せる　待つ―待てる　死ぬ―死ねる 運ぶ―運べる　読む―読める　乗る―乗れる
Ⅱ类 动词	词尾「る」→<del>词尾「る」</del>+「られる」 出る→出+られる＝出られる 食べる→食べ+られる＝食べられる	起きる―起きられる 寝る―寝られる
Ⅲ类 动词	来る→来られる する→できる	来る―来られる 勉強する―勉強できる

他动词涉及的对象，在能动态的句子中大多由「を」变为「が」。

(1) 300元ぐらいでシルク**の**が**買えます**よ。
(2) 私はさしみが**食べられません**。
(3) 王さんは英語が**話せます**。
(4) 高橋さんは昨日のパーティーに**参加できませんでした**。

☞ 非生物名词做主语的句子，一般不能使用动词的能动态（表达主语性质、特征的除外）。

(5) 3日間で荷物が｛×届ける／届く｝。
(6) 会議は9時に｛×始まれる／始まる｝。

☞ 「見える」本身已包含"可能"的含义，所以没有能动态。类似的动词还有「聞こえる（听见）」「わかる」等。

(7) 星が｛×見えられる／見える｝。
(8) 声が｛×聞こえられる／聞こえる｝。
(9) 日本語が｛×わかれる／わかる｝。

6. 形式名词「の」

意义：构成名词词组，代替上文提到的名词内容。
接续：名词＋の

(1) 加藤：私、チャイナドレスが買いたいんですが。
　　高橋：300元ぐらいでシルク**の**が買えますよ。
(2) このかばんは高橋さん**の**です。

(3) 高橋：今晩、中華料理はいかがですか。
　　加藤：いいですね。本場**の**が食べたいです。

☞ 动词、形容词的连体形后也可接「の」，将动词、形容词名词化。

(4) 日本へ留学に行った**の**は誰ですか。
(5) 四川料理をよく食べます。辛い**の**が好きですから。
(6) もっと地味な**の**がほしいですが。

7. で〈限定（数量、时间）〉

意义：表示对数量或时间的限定。

译文：凭借……；花费……（也可视情况不译）

接续：数量词／疑问词＋で

(1) 300元ぐらい**で**シルクのが買えますよ。
(2) このパソコンは10万円**で**は買えません。
(3) 駅まで何分**で**行けますか。

8. N_1（＋格助词）＋の＋N_2〈动词词组名词化〉

意义：动词词组名词化。

译文：……的……

接续：N_1（＋格助词）の动作性意义的名词 N_2

说明：动词词组中的格（连用格）转化为名词词组中的连体格，其变化规则如下：

格助词	动词词组转化为名词词组的规则		例
が	替代	が→の	高橋さんが留学する→高橋さんの留学
を		を→の	日本語を学習する→日本語の学習
に		に→での（存在） への（移动）	アメリカに滞在する→アメリカでの滞在［短暂停留］ 日本に留学する→日本への留学
へ	附加	へ→への	海外へ出張する→海外への出張［出差］
で		で→での	北京で生活する→北京での生活
と		と→との	家族と会話する→家族との会話
から		から→からの	明日から試験が始まる→明日からの試験
まで		まで→までの	学校まで案内する→学校までの案内

第9課　買い物

本课课文中的「お土産」虽然不直接具备动作性意义，但词义中暗含"买给他人，物品转移给接受方"的对象义或移动义，因此也可用「～へのお土産」来表达，类似的还有「～への手紙」等。

> （1）家族と**友達へのおみやげ**がほしいんです……。
> （2）**三保さんとの相互学習**はとてもよかったです。
> （3）**日本語への翻訳**は難しいです。
> （4）**海外からの観光客**が増えている［増加］。

9. Nがほしい〈願望〉

意义：表示说话人希望、想要得到某物。
译文：想要……
接续：名词＋が＋ほしい
说明：非过去时一般只能用于第一人称，用于第三人称时需要使用派生动词「ほしがる」的形式或相应地改变形态。

> （1）家族と友達への**おみやげがほしい**んですが……。
> （2）**時間がほしい**です。
> （3）**お茶はほしくない**です。
> （4）もっと**大きいのがほしい**。
> （5）妹は**シルクのブラウスをほしがっています**。

☞ 询问对方的意愿时，使用「Nがほしいですか」不礼貌，这种场合下一般可以用「～はどうですか」或「～はいかがですか」的形式。

10. で〈材料〉

意义：表示事物的生产材料或构成成分。
译文：用……；由……；以……
接续：名词・で＋（できる、作る等）

> （1）栄養剤です。100％**天然成分で**できています。
> （2）このドレスは**シルクで**できています。
> （3）**蛇の皮で**かばんを作ります。

11. から〈原材料、成分〉

意义：表示事物或产品的生产材料或构成成分。与「で」相比，一般难以从产品推断出原材料为何物。

译文：用……；由……；以……

接续：名词＋から

(1) 鹿の角や蛇の皮から栄養剤を作ります。
(2) 醤油(しょうゆ)は大豆(だいず)から作ります。
(3) 牛乳からチーズを作ります。

解説・表現

1. いらっしゃいませ

功能：对顾客表示欢迎。商店、餐厅等服务行业专业用语。

译文：欢迎光临

说明：作为客人，接受服务即可，不必对「いらっしゃいませ」这句话有所回应。

2. こちらはいかがですか

意义：用于服务员向顾客推荐商品。商店、餐厅等服务行业专业用语。

译文：您看这件怎么样？

3. それはちょっと

功能：表示委婉的拒绝。

译文：这个我（无法接受）

说明：听到这句话就表示对方是在拒绝，不要再勉强对方，以免引起不快。

第9課　買い物

練　習

A　课文理解练习

请在符合课文内容的（　）中画○，不符合的画×。

(1) （　）加藤直子さんと高橋さんと王さんは一緒にショッピングモールに行きました。
(2) （　）ショッピングモールでは日本語で買い物ができます。
(3) （　）加藤さんは自分のチャイナドレスを買いました。
(4) （　）加藤さんは家族に漢方薬を買いました。
(5) （　）加藤さんは茶器セットを4つ買いました。

B　基础练习

参考例句，完成句子。

1. 例　新しいパソコンを買う　→　新しいパソコンが買いたいです。

(1) ここで写真を撮る　　　　(2) 図書館で勉強をする
(3) 今日は休む　　　　　　　(4) 万里の長城に登る

2. 例　新しいパソコンを買う／大学の売店
　　　→ A：新しいパソコンが買いたいんですが、どこがいいですか。
　　　　 B：そうですねえ、大学の売店はどうですか。

(1) おいしい日本料理を食べる／「もみじ」
(2) シルクのブラウスを作る／駅前のデパート
(3) 日本の大学の資料を調べる／大学の図書館
(4) 日本語の雑誌を読む／外国語学部の資料室

3. 例　日本語を話す　→　王さんは日本語ができます。

(1) ギターをひく　　　　　　(2) 料理を作る
(3) テニスをする　　　　　　(4) 日本語で買い物をする

ユニット1　ショッピングモールで

4. 例　買う→**買える**

(1) 読む　　　(2) 話す　　　(3) 起きる　　(4) 寝る
(5) 勉強する　(6) 試着する　(7) 来る　　　(8) 書く

5. 例　デパートで買い物をする → **デパートで買い物ができます。**

(1) 日本の映画を見る　　　(2) たくさん漢字を書く
(3) この机を一人で運ぶ　　(4) バスで東京に行く
(5) 日本語で説明する　　　(6) 10時までに来る

6. 例　丈夫な<u>かばん</u>がほしい → **丈夫な<u>の</u>がほしい。**

(1) 1元の<u>切手</u>を3枚ください
(2) その長い<u>傘</u>はどうですか。
(3) 中国の<u>お茶</u>が買いたい
(4) 高橋さんと同じ<u>パソコン</u>にする

7. 例　シルクのチャイナドレスを買う／300元
　　　→ **300元でシルクのチャイナドレスが買えます。**

(1) レポートを書く／1週間
(2) おいしいギョーザを作る／1時間
(3) 単語を20ぐらい覚える／10分
(4) 北京ダックを食べる／100元
(5) 北京から上海まで行く／2時間
(6) そちらに着く／10分ぐらい

8. 例　友達から<u>手紙</u>が来た／その手紙はこれだ
　　　→ **友達からの<u>手紙</u>はこれです。**

(1) 上海から<u>電車</u>が来る／その電車はもうすぐ着く
(2) 中国語教室で<u>勉強</u>をした／その勉強は楽しかった
(3) 両親へ<u>おみやげ</u>を買う／そのおみやげは茶器セットだ
(4) 日本語から中国語に<u>翻訳する</u>／その翻訳は難しくない

第9課　買い物

9. 例　パソコン／小さくて軽い
　　→　A：どんなパソコンを買いますか。
　　　　B：小さくて軽いのがほしいです。

> (1)　チャイナドレス／シルク　　　(2)　携帯電話／便利
> (3)　辞書／難しくない　　　　　　(4)　コップ／かわいい

10. 例1　米／お酒→　米からお酒を作ります。
　　　例2　木／家→　木で家を作ります。

> (1)　紙／紙飛行機　　　　　　　(2)　木／箱
> (3)　石／家　　　　　　　　　　(4)　ぶどう／ワイン
> (5)　木／紙　　　　　　　　　　(6)　石油／プラスチック

C　会话练习

请和你的同伴想象一个具体场景，仿照例子练习对话。

1. **请求帮助，提出建议**

　　A：_____たいんですが、どこがいいですか。
　　B：そうですねえ。_____はどうですか。_____よ。
　　A：そうですか。ありがとうございます。

> 例　A：日本語の雑誌を読みたいんですが、どこがいいですか。
> 　　B：そうですねえ。日本語学部の資料室はどうですか。いろんな雑誌がありますよ。
> 　　A：そうですか。ありがとうございます。

2. **谈论某app的功能**

　　A：このアプリで何ができるんですか。
　　B：_____ができます。
　　A：すごいですね。

> 例　A：このアプリで何ができるんですか。
> 　　B：オンライン決済ができます。
> 　　A：すごいですね。

ユニット1　ショッピングモールで

参考：人気のアプリ

○3D地図アプリ　　　　　　○翻訳アプリ
○天気予報アプリ　　　　　○音楽アプリ
○交通情報アプリ　　　　　○電子書籍アプリ
○音楽制作アプリ　　　　　○料理レシピ検索アプリ
○画像編集加工アプリ　　　○カメラアプリ
○飲食店検索アプリ　　　　○SNS
○無料漫画アプリ　　　　　○動画視聴アプリ

D　拓展练习

看图说话

この人は何ができますか。

(1)　　　　(2)　　　　(3)　　　　(4)

ここで何ができますか。

(1)　　　(2)　　　(3)　　　(4)　　　(5)

これで何ができますか。

(1)　　　(2)　　　(3)　　　(4)

第9課　買い物

购物小常识

在日本购物一般不能讨价还价，商品都是明码标价，如果有打折或优惠也会明显地写出来。日本表示打折的方法和中国有所不同，这一点需要特别注意。例如：

中国	日本	
9折	1割引(わりびき)	10% オフ
8折	2割引	20% オフ
7折	3割引	30% オフ
……	……	……

类似汉语"减价""甩卖"这样的说法在日语中也有很多，常见的有「セール」「バーゲン」「安売(やすう)り」「格安(かくやす)」「激安(げきやす)」「在庫一掃(ざいこいっそう)」「最終処分(さいしゅうしょぶん)」等。此外还有「100円均一(えんきんいつ)」「百均(ひゃっきん)」，意为该专柜的商品多为100日元。「100円SHOP（ショップ）」也随处可见，商店里的商品一般均为100日元，类似中国的"2元店""8元店"等。

在日本购物通常要缴8%或10%的消费税，有些商品（例如书、化妆品等）上标有定价，通常会标出已含税。

商品的包装一般是免费的，商品选好之后，售货员会把它们放在一个纸袋或塑料袋里，或进行一下简单的包装。如果说明是礼品，售货员就会揭去商品上的价签并用专门的包装纸进行包装。以往包装袋是不收费的，近来出于环保考虑，包装袋也开始收费了。

ユニット2

家電量販店で

（高橋美穂的母亲和弟弟受高桥之托，在电器商店购买电子词典）
母　：すみません、電子辞書はどこですか。
店員：7階でございます。
（二人来到7层）
弟　：そこにいくつかあるよ。
母　：ああ、これね。
店員：いらっしゃいませ。電子辞書をお探しですか。
母　：ええ、どれがいいですか。
店員：こちらはいかがですか。人気の商品です。
母　：これはいくらですか。
店員：45,000円です。
母　：ええ？　45,000円もするんですか。もっと安いのはありませんか。
店員：じゃあ、こちらはいかがでしょう。13,800円です。
母　：これは英和辞典と和英辞典と国語辞典だけですか。
店員：ええ、辞書は英語と日本語しかありません。
母　：中国語の辞書がほしいんですが……。
店員：中国語ですか。じゃあ、こちらはいかがですか。日中英3か国語辞書です。
母　：ちょっとそれを見せてください。
店員：はい、（递给高桥的母亲）たいへん便利ですよ。そちらは28,000円です。
母　：これがいいわね。
弟　：そうだね。
母　：じゃあ、これをお願いします。
店員：ありがとうございます。
弟　：それを2つください。
母　：え？
弟　：僕もほしい。

第9課　買い物

解説・音声

1. Vてください

　　動詞为平板型时，「Vてください」读成②型。
　　　　買う⓪→かってください ②　　行く⓪→いってください ②
　　动词为起伏型时，「Vてください」的声调与「Vて」相同。
　　　　読む①→よんでください ⑦　　書く①→かいてください ⑦
　　　　作る②→つくってください ⑦　　集める③→あつめてください ⑦

解説・語彙

1. こちら、そちら、あちら、どちら

　　日语中的指示词系列中，「こちら、そちら、あちら、どちら」有两种常用的意义。一是与「ここ、そこ、あそこ、どこ」「これ、それ、あれ、どれ」意义相同，区别在于「こちら、そちら、あちら、どちら」是较为礼貌的说法。二是「こちら、そちら、あちら、どちら」还可以指称人，意为"这位，那位，哪位"。例如：

> （1）こちらへどうぞ。（这边请。）
> （2）こちらは私たちの日本語の先生です。（这位是我们的日语老师。）

2. する

　　我们学过「する」做他动词的用法。例如：

> （1）バレーボールの練習を**する**（练习排球）
> （2）ピンポンを**する**（打乒乓球）
> （3）宿題を**する**（做作业）
> （4）買物を**する**（购物）

　　本课中出现的「する」与表达金额的数量词搭配使用，表示价值、价格。例如：

(5) いくらぐらい**する**んですか。（这个多少钱？）

(6) この新しい機械（きかい）は100万円も**する**。（这个新机器价值高达100万日元。）

(7) この車、90万円は**する**。（这辆车值90万日元吧。）

解説・文法

1. ～でございます〈判断（礼貌）〉

意义：判断句的礼貌形式。

接续：名词＋でございます

说明：多用于商业、服务业等场合，表示对听话人的尊敬。

(1) 7階でございます。

(2) お手洗いは2階でございます。

(3) はじめまして。加藤太郎の母でございます。

2. いくら〈疑问（价格）〉

意义：询问价格或钱数。

译文：多少钱？多少……？

(1) これは、**いくら**ですか。

(2) そのパソコンは**いくら**で買ったんですか。

(3) ジャスミン茶を500グラムと茶器セットを1つほしいですが、全部で**いくら**ですか。

3. 数量词＋も〈主观多量〉

意义：强调数量之多，带有说话人的主观感情。

译文：竟……；足足……；达……

接续：数量词＋も

第9課　買い物

(1) ええ？ 45,000円もするんですか。
(2) 駅で1時間も友達を待ちました。
(3) ゆうべビールを5本も飲みました。

☞ 数量词后面不带「も」时，是一种客观的描写；加上「も」时，则凸显说话人的主观评价。

(4) 鈴木：毎日コーヒーを3杯飲みます。
　　王　：えっ？3杯も飲むんですか。

4. だけ〈限定〉

意义：表示限定。
译文：只有……；仅仅……
接续：名词＋だけ
说明：「だけ」用于格助词「が」「を」前面时，「が」「を」可以省略。

(1) これは和英辞書と英和辞書と国語辞典だけですか。
(2) 高橋さんだけ（が）来ていません。
(3) 今朝は果物だけ（を）食べました。
(4) 日本語には漢字、平仮名、片仮名がありますが、中国語は漢字だけです。

5. Nしか～ない〈限定〉

意义：表示限定。
译文：只有……；仅仅……
接续：名词＋しか＋否定的表达方式

(1) 辞書は英語と日本語しかありません。
(2) アフレコ大会は日本語学科の学生しか参加できません。
(3) 会話の授業は一週間に一回しかありません。
(4) いろいろな町へ行きたいですが、時間がなくて北京と天津しか行きませんでした。

☞ 「しか」需要与否定形式搭配使用才能表达限定的意义。比起「だけ」，「しか」的主观色彩更强，暗含"本应还有其他因素"的语义，往往带有"嫌少"的语气。

(5)（正在减肥）果物だけ食べました。

(6)（肚子很饿，但家里没有饭了）果物しか食べませんでした。

6. Vてください〈请求〉

意义：表示请求对方做某件事。

接续：Vて＋ください

译文：请……；……吧

说明：「ください」是动词「くださる[给我（敬语动词）]」的命令形。

(1) ちょっとそれを**見せて**ください。

(2) 日本語を**教えて**ください。

(3) ここに電話番号を**書いて**ください。

☞ 请求长辈或上级做某事时，要避免使用该句型，应当使用敬意程度更高的表达。语气随意的场合，也可省略「ください」直接说「Vて」。

(4) ちょっと**待って**。

7. Nをください〈索要〉

意义：表示索取或购买某物时的请求。

译文：请给我……吧

接续：名词＋を（＋数量词）＋ください

(1) それを二つください。

(2) 紹興酒を2本ください。

(3) ジャスミン茶を500グラムと、茶器セットを一つください。

(4) すみません、留学の申込書[申请书]をください。

第9課　買い物

> 解説・表現

1. 〜をお探しですか

功能：商店导购人员的服务用语。询问顾客要买什么东西。
译文：您是要找……吗？
说明：「お探しです」是动词「探す」的敬语形式。

2. ありがとうございます

功能：商店、餐厅等服务行业专业用语。感谢顾客决定购买。顾客结账后，说「ありがとうございました」。
译文：谢谢

> 練　習

A　课文理解练习

请在符合课文内容的（　）中画〇，不符合的画×。

（1）（　）電子辞書は7階で売っています。
（2）（　）お母さんは人気の商品を買いました。
（3）（　）お母さんは高橋さんに和英の電子辞書を買いました。
（4）（　）お母さんは電子辞書を2つ買いました。

B　基础练习

参考例句，完成句子。

1. 　21,000円

　　A：すみません、このスマホはいくらですか。
　　B：21,000円です。

ユニット２　家電量販店で

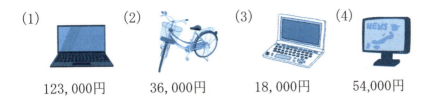

(1) 123,000円　(2) 36,000円　(3) 18,000円　(4) 54,000円

2. 例　李さんは日本に行った／３回
　　　→ **李さんは日本に３回も行きました。**

(1) 日本語の単語を覚えた／2000個
(2) 私の大学には留学生がいる／500人
(3) 家には自転車がある／３台
(4) 家から学校までかかった／１時間

3. 例　この寮に留学生も住む／中国人学生
　　　→ Ａ：**この寮に留学生も住めますか。**
　　　　 Ｂ：**いいえ、中国人学生だけです。**

(1) 中国語も話す／日本語
(2) この店ではフランス料理も食べる／イタリア料理
(3) この店ではドルも使う／中国元
(4) 漢字も書く／平仮名と片仮名

4. 例　私／ニュース番組／見る → **私はニュース番組しか見ません。**

(1) 父／中国のお茶／飲む　　　(2) 弟／肉／食べる
(3) 姉／自分の部屋／掃除する　(4) 兄／スポーツ新聞／読む

5. 例　教える → **教えてください。**

(1) 読む　　　(2) 立つ　　　(3) する
(4) 開ける　　(5) 掃除する　(6) 発表する
(7) 行く　　　(8) 来る　　　(9) 話す
(10) 見る　　 (11) 書く　　 (12) 泳ぐ
(13) 遊ぶ　　 (14) 帰る　　 (15) 買う

第9課　買い物

6. 例　それを見せる

　　→ すみませんが、ちょっと、それを見せてください。

(1) 窓を開ける　　　　　(2) そこの新聞を取る
(3) 消しゴムを貸す　　　(4) ゆっくり話す

7. 例　ジャスミン茶（500ｇ）

　　→ すみません、ジャスミン茶を500グラムください。

(1) りんご（5個）　　　　(2) ノート（5冊）
(3) ウーロン茶（300ｇ）　(4) 90円の切手（4枚）
(5) えんぴつ（10本）　　　(6) ハンバーグ（一つ）

C　会话练习

请和你的同伴想象一个具体场景，仿照例子练习对话。

1. 购物

　店員：いらっしゃいませ。_____お探しですか。
　客　：ええ、どれがいいですか。
　店員：こちらはいかがですか。人気の商品です。
　客　：もっと_____のはありませんか。
　店員：じゃあ、こちらはいかがでしょう。
　客　：ちょっと見せてください。これはいくらですか。
　店員：_____円です。
　客　：じゃあ、これをお願いします。
　店員：はい。ありがとうございます。

> 例　店員：いらっしゃいませ。電子辞書をお探しですか。
> 　　客　：ええ。どれがいいですか。
> 　　店員：こちらはいかがですか。人気の商品です。
> 　　客　：もっと安いのはありませんか。
> 　　店員：じゃあ、こちらはいかがでしょう。
> 　　客　：ちょっと見せてください。これはいくらですか。
> 　　店員：45,000円です。

> 客　：じゃあ、これをお願いします。
> 店員：はい。ありがとうございます。

D 拓展练习

任务：开一家模拟商店。

目标：练习用日语购物。

准备：学生自行准备商店（写有商品价格）的海报等。

形式：分组，并分别扮演导购、顾客。

例　果物屋／電気製品のお店／本屋など

第9課　買い物

语法专栏（2）　日语动词的分类

　　日语的动词，根据形态及活用变化可分为Ⅰ类动词、Ⅱ类动词、Ⅲ类动词；根据是否带「を」格补足语，可分为自动词和他动词（见第5课第1单元）；根据意义不同，还可分为自主动词和非自主动词、动作动词和变化动词。

◇ **自主动词（意志動詞）和非自主动词（無意志動詞）**

　　自主动词表示在动作主体自主支配下进行的动作、行为，如：「朝早く起きた」「日本語を勉強している」。

　　非自主动词表示不能自主支配的行为、变化、状态等，如自然现象、心理或生理现象等，如：「星が見える」「皿が割れている」。

　　有些动词，既可以用作自主动词，也可以用作非自主动词，如：
　　（1）8時に**出ましょう**。（自主）
　　（2）星が**出ている**。（非自主）
　　（3）嫌なことを早く**忘れたい**。(自主)
　　（4）宿題を**忘れた**！（非自主）

　　他动词大多为自主动词（「忘れる」「なくす」等也可表示非自主动作），自动词中既包含自主动词（如「歩く」「行く」等），也包含非自主动词（如「始まる」「壊れる」等）。

◇ **动作动词（動作動詞）和变化动词（変化動詞）**

　　动作动词表示动作主体的动作，接「ている」时表示动作正在持续进行的含义，如「本を読んでいる」「人が歩いている」。

　　变化动词表示主体的变化及结果，接「ている」时表示结果状态的含义，如「窓が開いている」「姉が結婚している」。

　　部分动词的「ている」形式，根据语境的不同，既可以表示动作正在持续进行，也可以表示结果状态。如：
　　（5）花子は2階の部屋で着物を**着ています**。（动作持续）
　　（6）花子は今日きれいな着物を**着ています**。（结果状态）

ユニット3

電子辞書の取り扱い説明書

お買い上げ、ありがとうございます。この取り扱い説明書は必ず保管してください。

基本操作
1. 本体に単4電池を2本入れ、「電源」キーを押してください。
2. 辞書の種類を選んでください。

> 和英辞典　英和辞典　日中辞典　中日辞典　国語辞典

3. 言葉を入力してください。言葉は、平仮名かローマ字で入力することができます。「入力モード」キーで、「平仮名」と「ローマ字」が切り替えられます。
4. 入力後、「検索」キーを押してください。訳語が現れます。
5. 「文字拡大」キーで、文字が拡大できます。「戻す」キーで、元の大きさに戻せます。
6. 「↑」「↓」キーで、画面を上下に動かすことができます。
7. 使用後は、電源を切ってください。

※ いくつかの言葉を続けて調べることができます。
※ 入力の間違いは、「削除」キーで1文字ずつ消すことができます。

第9課　買い物

解説・音声

1. 动词第一连用形

平板型动词的第一连用形仍为平板型。
　　買う⓪→かい⓪　　　行く⓪→いき⓪

起伏型动词的第一连用形原则上读成②型。
　　読む①→よみ②　　書く①→かき②
　　作る②→つくり②　　集める③→あつめ②

解説・文法

1. Vることができる〈可能〉

意义：表示具有做某事的能力，或在某种条件下动作行为的可能性。
译文：能够……；可以……；会……
接续：Vる＋ことができる

> （1）言葉は、平仮名かローマ字で**入力**することができます。
> （2）高木さんはフランス語を**話す**ことができます。
> （3）私は200メートル**泳ぐ**ことができます。
> （4）図書館のパソコンは何時まで**使う**ことができますか。

2. 动词的第一连用形表示并列

意义：表示动作的并列或先后顺序。
接续：动词第一连用形＋动词
说明：通常只用于书面语。

> （1）本体に単４電池を２本**入れ**、「電源」キーを押してください。
> （2）100万円を箱に入れ、鍵を**かけ**、保管した。
> （3）ドアが**開き**、男が現れた。

3. ずつ〈等量〉

意义：表示数量的均等分配或者动作、变化的等量反复。

译文：各……；分别……

接续：数量词或表示数量、程度的副词+ずつ

> (1) 入力の間違いは、「削除」キーで1文字**ずつ**消すことができます。
> (2) 一つの単語を3回**ずつ**発音してください。
> (3) りんごは一人に2つ**ずつ**ある。
> (4) 毎日、少し**ずつ**練習しています。

練 習

A 课文理解练习

阅读课文，完成下列任务单。

基本操作	例：「入力モードキー」を押す。
できること	例：「平仮名」と「ローマ字」が切り替えられる。

B 基础练习

参考例句，完成句子。

1. 例　日本語が話せる → **日本語を話すことができる。**

> (1) 平仮名で入力できる　　(2) スマホからメールが送れる
> (3) 日本語で作文が書ける　(4) インターネットでテレビが見られる

2. 例　電池を入れる／電源キーを押す
　　　→ **電池を入れ、電源キーを押してください。**

> (1) 電源を切る／電池を出す
> (2) 資料を調べる／作文を書く
> (3) レポートを書く／クラスで発表する
> (4) 平仮名を入力する／「検索」キーを押す

第9課　買い物

3. **例**　毎日／単語1を覚える／5つ → 毎日、5つずつ単語を覚えます。

(1) 毎月／お金を貯める／5,000円
(2) 毎日／大きくなる／少し
(3) 一人に／質問する／一つ
(4) みんなに／はがきを書く／1枚

C 拓展练习

你是怎样查单词的呢？介绍一下你查单词的软件的使用方法。

同形词

日语中有些词写法相同但读音和意思不同，这样的词叫做"同形词"。请看下面的例子。

书写形式	读音	意义
人気	にんき	人缘，声望，人气
	ひとけ	人的气息
上手	じょうず	好，高明，擅长
	うわて	高明（的人），优秀（的人）；
	かみて	（河的）上游；上座；（从观众席看）舞台的右侧

你还知道日语中其他的同形词吗？

第8课　知识问答（2）答案

电视（テレビ）、电影（映画）、电话（電話）、电冰箱（冷蔵庫）。其中"电话"是来自日语的借词。在汉语中，曾经将英语的"telephone"音译为"德律风"，后来又从日语中借用了"电话"这个意译词，取代了前者。

第 10 課　ルールとマナー

学习目标

能够用日语讲述和询问各种规则。

语法学习要点

ユニット1
① Vてもいい〈允许〉
② Vてはいけない〈禁止〉
③ から〈原因、理由〉
④ Vないでください〈否定性请求〉
⑤ Vている／Vないとき（に）〈时点〉

ユニット2
① Vなくてもいい〈不必要〉
② Vる／Vたとき（に）〈时点〉
③ Vなくては（なければ）いけない／Vなくては（なければ）ならない〈必要；义务〉
④ Nにする／A_Iくする／A_{II}にする〈使之发生变化〉
⑤ どうして〈原因(疑问)〉
⑥ ～でしょう〈确认〉

ユニット3
① Nについて／Nについての〈相·〉
② ～と言う〈直接引语〉
③ に〈状态〉
④ ～からだ〈原因、理由〉
⑤ は〈部分否定〉

第10課　ルールとマナー

ユニット1

寮のルール1

（高桥、渡边和小赵正在校园里聊天。小李和小王在一旁听着）

高橋：趙さん、日本から映画のDVDが届いたんです。一緒に見ませんか。

趙　：え？　いいんですか。

渡辺：ええ、どうぞ。

李　：高橋さん、私たちも一緒に行ってもいいですか。

高橋：えっ、それはちょっと……。

渡辺：私たちの寮は、男性は入ってはいけないんです。

李　：そうなんですか。知りませんでした。残念ですねえ、王さん。

王　：ええ。

高橋：ごめんなさい。

王　：いいえ、ルールですから、しかたがありませんよ。気にしないでくださいね。

李　：私たちの寮は女性が入ってもいいんですよ。ほかにもルールがありますか。

高橋：たくさんあります。部屋にポスターを貼ってはいけない、自分で料理を作ってはいけない、大きい声で歌ってはいけない……。

王　：私たちの寮にもありますよ。お酒を飲んではいけない、マージャンをしてはいけない。

李　：それから、窓からごみを捨ててはいけない……。

高橋：李さん、それは当たり前ですよ。

李　：そうですね。人が下を歩いているときに、窓からごみを捨ててはいけない……。

趙　：もう、李さん、違います！人がいないときにも、捨ててはいけません。

李　：はい、はい。

ユニット1　寮のルール1

解説・音声

1. Vては

动词为平板型时，「Vては」读成②型。

　　買う⓪　→かっては②　　　　行く⓪→いっては②

动词为起伏型时，「Vては」的声调与「Vて」相同。

　　読む①　→よんでは④　　　　書く①→かいては④
　　作る②　→つくっては④　　　集める③→あつめては④

2. Vないでください

动词为平板型时，「Vないでください」读成⑦型。

　　買う⓪→かわないでください⑦　　行く⓪→いかないでください⑦

动词为起伏型时，「ないでください」低读。

　　読む①→よまないでください　　書く①→かかないでください
　　作る②→つくらないでください　集める③→あつめないでください

3. とき

动词为平板型时，「Vとき」读成②型，但在「Vなかったとき」中，「とき」低读。

　　買う⓪　→かうとき・かったとき・かわないとき・かわなかったとき
　　行く⓪　→いくとき・いったとき・いかないとき・いかなかったとき

动词为起伏型时，「とき」低读。

　　読む①　→よむとき・よんだとき・よまないとき・よまなかったとき
　　書く①　→かくとき・かいたとき・かかないとき・かかなかったとき
　　作る②　→つくるとき・つくったとき・つくらないとき・つくらなかったとき
　　集める③　→あつめるとき・あつめたとき・あつめないとき・あつめなかったとき

第10課　ルールとマナー

> 解説・語彙

1. 知る

　　「知る」意为"知道，了解，认识"。做肯定用法时，通常使用「知っている」的形式，而表示否定时则通常只用「知らない」的形式。例如：

> （1）そうなんですか。**知りませんでした**。（原来如此。以前还真不知道。）
> （2）この小説の作者、**知っていますか**。（你知道这部小说的作者吗？）
> （3）あの人、**知っていますか**。（你认识那个人吗？）

> 解説・文法

1. Vてもいい〈允许〉

　　意义：表示允许、同意、批准（别人）做某事。
　　译文：可以……
　　接续：Vて＋もいい
　　说明：用于肯定句时，多在句末加助词「よ」以缓和语气。用于问句时，则表示询问对方是否许可做某事。回答该问句时，如果是肯定性回答，一般用「はい、どうぞ」「ええ、いいですよ」（只适用于同级或上对下的关系）等；如果是否定性回答，一般用「すみませんが、ちょっと」「すみませんが、～から、Vないでください」等。

> （1）高橋さん、私たちも一緒に**行ってもいい**ですか。
> （2）ここに**座ってもいい**ですか。
> （3）作文は中国語で**書いてもいい**ですよ。
> （4）趙　：あのう、ちょっと暑いんですが、窓を**開けてもいい**ですか。
> 　　高橋：ええ、いいですよ。

☞　「Vてもいい」表达允许、许可的意思，不用在与上级或长辈的对话中。
　　×先生、もう帰ってもいいですよ。
　　×先生、パーティーに参加してもいいですよ。

2. Vてはいけない〈禁止〉

意义：表示禁止。

译文：不许；不准；不要；不得

接续：Vて＋はいけない

说明：多用于表示规则、纪律等，语气较为严厉。

>   (1) 私たちの寮は、男性は**入ってはいけない**んです。
>   (2) 教室ではタバコを**吸ってはいけません**。
>   (3) 子どもはお酒を**飲んではいけない**。

3. から〈原因、理由〉

意义：表示原因、理由。

译文：因为……，所以……

接续：连接两个分句

>   (1) ルールです**から**、しかたがありませんよ。
>   (2) 暑い**から**、窓を開けてください。
>   (3) もう遅い**から**、寝ましょう。
>   (4) 日本人の友達が来る**から**、明日北京空港へ行きます。

☞ 口语中，有时会省略后句，以「～から」结句。

>   (5) もう大丈夫だ**から**（心配しないでください）。

4. Vないでください〈否定性请求〉

意义：请求、提示对方不做某事。

译文：请不要……；请勿……

接续：Vない＋でください

说明：「Vないでください」是表示请求的句式「Vてください」的否定形式。关系亲近的人之间使用时，多在句末加助词「ね」缓和语气。

>   (1) 気に**しないでください**ね。
>   (2) 図書館では大きい声を**出さないでください**。
>   (3) 試験のとき、作文は鉛筆で**書かないでください**。
>   (4) 明日の会議には**遅れないでください**ね。

第10課　ルールとマナー

5. Vている／Vないとき（に）〈时点〉

意义： 表示后面主句的动作或变化是在该时点成立的。

译文： ……时；……的时候

接续： Vている／Vない＋とき（に）

> （1）人が下を**歩いているときに**、窓からごみを捨ててはいけません。
> （2）昨日、部屋で小説を**読んでいるときに**、停電（ていでん）した。
> （3）説明が**わからないときに**、質問してください。
> （4）母が**いないとき**、自分で料理を作る。

解説・表現

1. いいんですか

功能： 接受他人盛情邀请或接受他人礼物时表示客气。

译文：（真的）可以吗？

2. 気にしないでくださいね

功能： 用于劝说对方不要介意。

译文： 你别介意；请不要放在心上

3. もう、李さん、違います！

功能： 表示不同意对方的观点。

译文： 不对；小李你说得不对（真没办法）

说明： 表示对于对方的言行无可奈何，带有"真没办法"的意思，语气非常强。不对长辈和上级使用。

4. はい、はい

功能： 表示不情愿的、不以为然的应付。

译文： 知道了，知道了；好了，好了；算了，算了

練習

A 课文理解练习

请在符合课文内容的（ ）中画〇，不符合的画×。

(1) （ ）王さんと李さんも一緒にDVDを見ました。
(2) （ ）女子留学生の寮に男性も入ることができます。
(3) （ ）部屋の外にポスターを貼ってはいけませんが、部屋の中は大丈夫です。
(4) （ ）女子留学生寮の中で大きい声で歌ってはいけません。
(5) （ ）人が下を歩いているときは窓からごみを捨ててはいけせんが、人がいないときは捨ててもいいです。

B 基础练习

仿照例句，完成句子。

1. 例　座る → 座ってもいいですか。

(1) 窓を開ける　　　(2) もう帰る　　　(3) 女子寮に入る
(4) 食べる　　　　(5) 少し遅れる　　(6) 試着する

2. 例　芝生に入る → 芝生に入ってはいけません。

(1) 教室にポスターを貼る　　(2) テストの時、カンニングをする
(3) この湖で泳ぐ　　　　　　(4) 約束を破る

3. 例　頭が痛い／明日学校を休む
　　　→ 頭が痛いから、明日学校を休みます。

(1) 薬を飲んだ／もう大丈夫だ
(2) もう遅い／帰りたい
(3) もう時間だ／映画は始まっていると思う
(4) あの売店は便利だ／よく利用している

第10課　ルールとマナー

4. 例　寮でお酒を飲む　→　寮でお酒を飲まないでください。

(1) 道にごみを捨てる　　　(2) 自習室で話をする
(3) 大切な資料をなくす　　(4) 寮でタバコを吸う

5. 例　料理を作っている／火のそばを離れないでください
　　　→　料理を作っているとき、火のそばを離れないでください。

(1) 赤ちゃんが寝ている／大きい声で話さないでください
(2) お金がない／友達に借りる
(3) わからない／先生に聞く
(4) 車を運転している／携帯電話を使ってはいけない

C　会話練习

请和你的同伴想象一个具体场景，仿照例子练习对话。

1. 在餐厅、图书馆、咖啡厅等，询问是否可以做某事

A：すみません。ここで_____てもいいですか。
B：いいえ、_____ないでください。
A：わかりました。すみません。

例　A：すみません。ここでタバコを吸ってもいいですか。
　　B：いいえ、ここで吸わないでください。
　　A：わかりました。すみません。

D　拓展练习

请和你的同桌一起说一说这些标志的意思吧。

(1)　　　(2)　　　(3)　　　(4)　　　(5)　　　(6)

ユニット2

寮のルール2

（三人来到高桥宿舍的门口）

高橋：ここが私たちの部屋です。どうぞ。
趙　：おじゃまします。（正要脱鞋）
渡辺：あ、趙さん、靴、脱がなくてもいいですよ。
趙　：日本では家に入るとき、靴を脱がなくてはいけないんでしょう？
高橋：ええ。でも、私たちの部屋では大丈夫ですから、そのままどうぞ。
趙　：そうですか。じゃあ、失礼します。
（三人开始看DVD）
趙　：音をもう少し大きくしてもいいですか。
高橋：ええ、どうぞ。
（三人正在看DVD）

高橋：この女の人、二人と付き合うのはいけませんよね。
趙　：そうですね。一人に決めなくてはいけませんね。
渡辺：どうしてですか。まだ決めなくてもいいですよ。
高橋・趙：（大声道）えー?!
隣の学生：すみません、ちょっとうるさいんですが……。
高橋：あ、すみませんでした。静かにします。
（高桥回到房间里）
趙　：ごめんなさい。うるさかったですね。あ、もう10時半。私、そろそろ帰らなくちゃ……。
渡辺：まだいいでしょう？
趙　：ありがとうございます。でも、私の寮は11時までに帰らなければならないんです。11時以降は中に入れません。
高橋：そうですか。じゃあ、また来てくださいね。暗いから気をつけて。
趙　：今日はどうもありがとう。今度来たときに続きを見せてくださいね。じゃあ、おやすみなさい。
高橋・渡辺：おやすみなさい。

第10課　ルールとマナー

解説・音声

1. Vなくても

　　动词为平板型时，「Vなくても」读成④型。
　　　　買う⓪→か**わなくて**も④　　　行く⓪→い**かなくて**も ④
　　动词为起伏型时，「なくても」低读。
　　　　読む①→よ**ま**なくても　　　書く①→か**か**なくても
　　　　作る②→つ**く**らなくても　　　集める③→あ**つめ**なくても

2. Vなくては

　　动词为平板型时，「Vなくては」读成④型。
　　　　買う⓪→か**わなくて**は④　　　行く⓪→い**かなくて**は ④
　　动词为起伏型时，「なくては」低读。
　　　　読む①→よ**ま**なくては　　　書く①→か**か**なくては
　　　　作る②→つ**く**らなくては　　　集める③→あ**つめ**なくては

3. Vなければ

　　动词为平板型时，「Vなければ」读成④型。
　　　　買う⓪→か**わなければ**④　　　行く⓪→い**かなければ** ④
　　动词为起伏型时，「なければ」低读。
　　　　読む①→よ**ま**なければ　　　書く①→か**か**なければ
　　　　作る②→つ**く**らなければ　　　集める③→あ**つめ**なければ

解説・文法

1. Vなくてもいい〈不必要〉

　　意义：表示同意、许可不做某事或没必要做某事。
　　译文：可以不……；不……也行

接续：「Vない」先变为「Vなく」，然后加「てもいい」
说明：「Vなくてもいい」是「Vてもいい」的否定形式。

> (1) 靴、**脱がなくてもいい**ですよ。
> (2) もう薬を**飲まなくてもいい**ですよ。
> (3) 忙しいときは、**行かなくてもいい**。

2. Vる/Vたとき（に）〈时点〉

意义：表示后面主句的动作或变化是在该时点之前或之后成立的。
译文：……的时候
说明：动词后续「とき（に）」时，其非过去时「Vる」和过去时「Vた」所表示的时间关系相反。「Vるとき（に）」表示先进行主句中的动作，然后再进行时间从句中的动作；「Vたとき（に）」表示先进行时间从句中的动作，然后再进行主句中的动作。

> (1) 日本では家に**入る**とき、靴を脱がなくてはいけないんでしょう？
> (2) 今度**来た**ときに続きを見せてくださいね。
> (3) 日本へ**行く**とき、パソコンを買いました。
> (4) 日本へ**行った**とき、パソコンを買いました。

3. Vなくては（なければ）いけない／Vなくては（なければ）ならない〈必要；义务〉

意义：表示有必要、有义务进行该动作。
译文：必须……；应该……；得……
说明：「Vなくては（なければ）いけない」表示说话人认为有必要、有义务进行该动作，或者某种特殊情况要求必须进行该动作；而「Vなくては（なければ）ならない」多表示从社会常识来看有必要、有义务进行该动作，是人们都认可的一般性的判断。在口语中「なくては」经常说成「なくちゃ」，「なければ」经常说成「なきゃ」，「いけない」和「ならない」也时常被省略。尤其「なくちゃ」在自言自语时多用。

> (1) 日本では家に入るとき、靴を**脱がなくてはいけない**んでしょう？
> (2) 私の寮は11時までに**帰らなければならない**んです。
> (3) 明日の授業で、日本語で自己紹介を**しなきゃなりません**。
> (4) もうこんな時間だ。早く**帰らなくちゃ**。

4. Nにする／A₁くする／A₂にする〈使之发生变化〉

意义：表示人为造成的变化的结果或状态。

译文：使……；将……；把……

(1) 音をもう少し**大きくして**もいいですか。
(2) りんごを**ジュースにして**飲みます。
(3) 教室を**きれいにして**ください。
(4) 夢を**現実にしたい**。

☞ 注意与第7课第2单元学过的、表示客观事实的变化结果或状态的「Nになる／A₁くなる／A₂になる」的区别。

5. どうして〈原因（疑问）〉

意义：用于询问理由、原因。

译文：为什么；怎么

说明：「どうして」用于疑问句时，大多构成「どうして…んですか」这种句式。回答时也多用「〜んです」「〜からです」解释理由。
除疑问外，该句式还可表达吃惊、疑惑、责备等语气。

(1) 高橋：この女の人、二人と付き合うのはいけませんよね。
　　渡辺：**どうして**ですか。
(2) **どうして**先生に話さなかったんですか。
(3) **どうして**こんなに値段が高いんですか。
(4) 高橋：**どうして**行かないんですか。
　　王　：お金がないんです。

6. 〜でしょう〈确认〉

意义：向对方确认或征得对方同意。

译文：……吧

接续：简体句子＋でしょう
　　　　名词／Ⅱ类形容词词干＋でしょう

说明：「でしょう」在表示确认的意思时，要读升调。一般不用于与上级或长辈的对话中。

(1) 日本では家に入るとき、靴を脱がなくてはいけない**んでしょう**？
(2) もう宿題は終わった**でしょう**？
(3) 王さんはまだ二年生**でしょう**？
(4) 見て、このコップ、かわいい**でしょう**？

☞ 「〜んでしょう」是「〜んです」的推测形式，在本课表示说话人就已知信息向对方确认。

解説・表現

1. おじゃまします
　　功能：将要打扰对方，或要进入对方的房间时的寒暄语，表示客气。
　　译文：打扰了。

2. じゃあ、失礼します
　　功能：进入别人的房间时，或认为自己的行为可能有些失礼时的寒暄语，表示客气。
　　译文：那么我就失礼了；那么我就不客气了

3. じゃあ、また来てくださいね
　　功能：用于送客人离开时。
　　译文：以后请一定再来
　　说明：有时只是主人的客套话，不一定真的希望对方再来。

4. 今日はどうもありがとう
　　功能：结束一天的活动，告别时表示感谢。
　　译文：今天谢谢你了
　　说明：日本式的谈话习惯。更客气的说法是「今日はどうもありがとうございました」。

5. おやすみなさい

功能：晚上休息前或与他人告别时的寒暄。

译文：晚安

说明：关系亲近的人之间可以说「おやすみ」。

練習

A 课文理解练习

请在符合课文内容的（　）中画〇，不符合的画×。

(1) （　）留学生寮では部屋に入るとき、靴を脱がなくてもいいです。
(2) （　）高橋さんたちはDVDを見ているときちょっとうるさかったです。
(3) （　）趙さんは10時ごろ寮に帰りました。
(4) （　）趙さんの女子寮の門限は11時です。
(5) （　）高橋さんたちはこのDVDを全部見ました。

B 基础练习

1. 例　靴を脱ぐ　→　靴を脱がなくてもいいです。

(1) メモをする　　　　　(2) 10時までに帰る
(3) 明日来る　　　　　　(4) 日本語で話す
(5) 漢字で書く　　　　　(6) 友達に相談する

2. 例1　道を渡る／横断歩道を歩く
　　　　→　道を渡るとき、横断歩道を歩きます。
　例2　風邪を引く／いつもこの薬を飲む
　　　　→　風邪を引いたとき、いつもこの薬を飲みます。

(1) 国へ帰る／日本のおみやげを買う
(2) 手紙を出す／切手を貼る
(3) 落し物をする／交番へ行く
(4) 今度会う／お金を返す

ユニット2　寮のルール2

3. 例　何曜日・レポートを出す／月曜日
　　→　A：すみません、何曜日までにレポートを出さなければなりませんか。
　　　　B：月曜日までに出してください。

(1) 何月・調べる／3月　　　　　(2) いつ・作る／明日
(3) 何時・寮へ帰る／夜11時　　　(4) 何日・図書館の本を返す／15日

4. 例　名前を書く
　　→　A：すみません、名前を書かなくてはいけませんか。
　　　　B：いいえ、書かなくてもいいです。

(1) 先生の話をメモする　　　　(2) 10時までに帰る
(3) 明日来る　　　　　　　　　(4) 日本語で話す

5. 例　靴を脱ぐ／部屋に入る
　　→　部屋に入るとき、靴を脱がなくてはいけません。

(1) 学生証を見せる／図書館に入る　(2) 資料を調べる／論文を書く
(3) 残業をする／仕事がたくさんある　(4) 電気を消す／部屋を出る

6. 例　部屋／明るい　→　部屋を明るくします。

(1) スープ／辛い　　　　　(2) 値段／安い
(3) コーヒー／甘い　　　　(4) 部屋／きれい

7. 例　日本に帰る／シンポジウムに出席する
　　→　A：どうして日本に帰るんですか。
　　　　B：シンポジウムに出席するからです。

(1) 昨日休んだ／頭が痛かった
(2) ご飯を食べない／やせたい
(3) 中国に来た／中国語が勉強したかった
(4) アルバイトをする／新しいコンピューターがほしい

第10課　ルールとマナー

8.（请注意句子的语调）

例　日本酒／米から作る　→　**日本酒は米から作るでしょう。**

(1) 会議／2時から始まる
(2) 王さん／シンポジウムに出席した
(3) 日本語学部の学生／英語も勉強しなければならない
(4) この栄養剤／100％天然成分でできている

C　会话练习

请和你的同伴想象一个具体场景，仿照例子练习对话。

1. 告辞

A：あ、私、そろそろ＿＿＿＿＿。
B：まだいいでしょう。
A：ありがとうございます。でも＿＿＿＿＿なければならないんです。
B：そうですか。じゃあ、また来てください。

例　A：あ、私、そろそろ帰らなくちゃ……。
　　B：まだいいでしょう。
　　A：ありがとうございます。
　　　　でも11時までに寮へ帰らなければならないんです。
　　B：そうですか。じゃあ、また来てください。

D　拓展练习

任务：制定规则。
目标：练习讨论规则。
形式：以宿舍为单位分组。
步骤：(1) 以宿舍、兴趣等为单位分组。
　　　(2) 各组讨论、制定各自的规则。
　　　(3) 各组把自己的规则贴在板报上。

例

308号室のルール

○ 毎日掃除をしなければなりません。

○ 自分のものは他の人の机に置いてはいけません。

○ 大きい声で話してはいけません。日本語でたくさん話しましょう。

○ 朝9時から夜10時までは日本語で話さなければなりません。

○ けんかをしてはいけません。

○ 男性を連れて来てはいけません。

○ 困ったことがあるとき、みんなに相談しましょう。

○ 日曜日は勉強しなくてもいいです。

○ 毎日楽しく過ごしましょう。

喜欢脱鞋的日本人

为了保持室内清洁，人们在回到家里时，往往先在门厅脱去外出穿的鞋，换上拖鞋，然后再进到屋子里，这已成为一种普遍的习惯，不足为奇。

日本人喜欢脱鞋是出了名的，这与他们的生活环境和文化背景不无关系。日本地震较多，加之夏季高温潮湿，为了使房屋能够抗震、通风、防潮，传统的日式住宅一般都是木制的，地板高出地面60—80厘米，房间内铺有榻榻米（即「畳」）。榻榻米上放着坐垫、小桌，日常起居都在这里，晚上，铺上被褥就可以休息。可见，对日本人来说，榻榻米不仅是房间的地板，还有床的作用。难怪在日语中把地板叫做「床」，而我们平时睡的西式床在日语中则用来自英语的外来词「ベッド（bed）」或汉语词「寝台」来表示。既然作为床使用就要求干净，所以日本人在进屋前一定要脱鞋，而且在榻榻米上连拖鞋也不穿，这样坐在榻榻米或坐垫上时会方便一些。

日本人的传统服装是和服，穿和服时必须穿与之配套的「草履（一种软底鞋）」或「下駄（木屐）」，而不能穿西式的皮鞋或布鞋。因为进屋要脱鞋，出门要穿鞋，系起鞋带来非常不方便，而穿「草履」和「下駄」则无需系鞋带。

虽然现在很多日本人都住上了西式住宅，平时也很少穿和服了，但进屋脱鞋的习惯却一直保留了下来。

第10課　ルールとマナー

ユニット3

食事のマナー日中比較

　中国人と日本人は同じアジア人で、隣人である。しかし、文化や習慣は違う。ここでは、食事のマナーや習慣について比較する。

　食事のとき、日本では皆で「いただきます」と言う。それから一緒に食事を始める。そして、食事の終わりに「ごちそうさまでした」と言う。しかし、中国ではどちらの言葉も言わない。

　ご飯を食べるとき、中国でも日本でも箸を使う。そしてどちらの国でも箸をご飯に刺してはいけない。このマナーは同じである。しかし、箸を置くとき、中国では30センチぐらいの長い箸を縦に置くが、日本では20センチぐらいの短い箸を横向きに置く。

　麺類を食べているとき、中国では音を立ててはいけない。しかし、日本では音を立てて食べてもいい。その音には「おいしい」の意味があるからである。また、中国で「乾杯」と言ったとき、その人はお酒を全部飲まなくてはいけない。それがこの言葉の意味だからである。しかし、日本では全部は飲まなくてもいい。日本では「乾杯」は「みんなで一緒にお酒を飲みましょう」の意味だからである。

　ごちそうになったとき、中国では料理を少し残す。それが、「おなかがいっぱいになった」の意味になるからである。しかし日本では、これは「この料理はまずい」「この料理は好きではない」の意味になる。

　このように、中国と日本とでは、食事のマナーや習慣にいろいろな違いがあるから、食事をするときはお互いに気をつけなければならない。

解説・文法

1. Nについて／Nについての〈相关〉

意义：表示动作行为涉及的对象。
译文：关于……（的）；有关……（的）；就……（的）
接续：名词＋について／についての
说明：谓语动词多为指称语言行为或思维活动的动词。修饰名词时，用「Nについての」的形式。

(1) ここでは、食事のマナーや習慣について比較する。
(2) これから日本語の文法について説明します。
(3) 若者のスマホ利用についてアンケート調査をした。
(4) 日本文化についての資料を集めている。

2. ～と言う〈直接引语〉

意义：表示直接引语。
译文：说"……"
接续：接在引用的话语后面
说明：书写时，引用的内容一般用「 」引出。

(1) 食事のとき、日本では皆で「いただきます」と言う。
(2) 日本人は夜寝るときに、「おやすみなさい」と言う。
(3) 高橋さんは王さんに「明日、日本に帰ります」と言いました。

3. に〈状态〉

意义：表示动作、作用的方式、状态。
接续：接在表示方向、顺序等名词的后面

(1) 中国では30センチぐらいの長い箸を縦に置くが、日本では20センチぐらい短い箸を横向きに置く。
(2) 2つのファイルを左右（さゆう）に並べて表示（ひょうじ）する。
(3) そちらから順番（じゅんばん）に[顺序]自己紹介をお願いします。
(4) では、はじめに日本と中国の食事のマナーについて紹介します。

第10課　ルールとマナー

4. 〜からだ〈原因、理由〉

意义：用于说明原因、理由。

译文：……，是因为……

接续：简体句子＋からだ。书面语中一般用「〜からである」。

(1) しかし、日本では音を立てて食べてもいい。その音には「おいしい」の意味がある**からである**。

(2) 日曜日はどこへも行きません。ゆっくり休みたい**からです**。

(3) 私たちがこのように交流できるのは、言語がある**からである**。

(4) 渡辺：どうして答えなかったんですか。
　　王　：相手の質問がわからなかった**からです**。

5. は〈部分否定〉

意义：表示部分否定。

接续：表示统括意义的名词或副词＋は＋否定的谓语形式

(1) 全部**は**飲まなくてもいいです。

(2) 王　：毎日運動をしますか。
　　鈴木：いいえ、毎日**は**しません。

(3) 王　：全員、来ましたか。
　　高橋：いいえ、全員**は**来ませんでした。

練　習

A　课文理解练习

请在符合课文内容的（　）中画○，不符合的画×。

(1) （　）中国人と日本人は同じアジア人で、習慣も同じです。

(2) （　）日本では食事の終わりに「いただきます」と言います。

(3) （　）食事のとき、中国では、箸を縦に置きますが、日本では横向きに置きます。

(4) (　) 麺類を食べているとき、日本では、音を立ててはいけません。
(5) (　) 「乾杯」と言ったとき、中国では、全部飲まなくてはいけません。

B 基礎练习

仿照例句，完成句子。

1. 例　食事のマナー／調べた　→　食事のマナーについて調べました。

(1) 日本文化／研究している
(2) スケジュール／説明する
(3) 助詞「に」の使い方／教えてください
(4) インターネットの利用／紹介する

2. 例1　ご飯を食べる／「いただきます」
　　　→　ご飯を食べるとき、「いただきます」と言う。
　 例2　うちへ帰る／「ただいま」
　　　→　うちへ帰ったとき、「ただいま」と言う。

(1) 人と別れる／「さようなら」
(2) 写真を撮る／「チーズ」
(3) 朝、人と会う／「おはようございます」
(4) 夜、寝る／「おやすみなさい」

3. 例1　毎日／日本語のＣＤを聞く
　　　→　Ａ：毎日、日本語のＣＤを聞きますか。
　　　　　Ｂ：いいえ、毎日は聞きません。
　 例2　全部／できた
　　　→　Ａ：全部できましたか。
　　　　　Ｂ：いいえ、全部はできませんでした。

(1) 全部／食べた　　　　(2) 毎月／日本へ帰る
(3) 全員／パーティーに来た　(4) 毎日／ご飯を作る

第10課　ルールとマナー

C 拓展练习

谈一谈在中国，家长在教育孩子时通常会定什么规矩？你认为这些规矩是不是有必要？

> 例　嘘を言ってはいけない。
> 　　よく勉強しなければならない。

「和製英語」

「和製英語（わせいえいご）」，顾名思义，就是日本人用英语词创造出来的复合词，这类词在日语词汇分类中属于"外来词"。你能猜出以下「和製英語」的意思吗？

アフター・サービス　　ノートパソコン　　　ガソリン・スタンド
キー・ポイント　　　　ゴールデン・ウィーク

＊答案见第11课最后

第11課　京劇と歌舞伎

学习目标

1. 能够用日语打电话交谈。

2. 能够用日语谈论爱好。

3. 能够用日语谈论理想。

语法学习要点

ユニット1
① 动词的连体形〈连体修饰语〉
② 感情、感觉形容词
③ ～というN〈命名〉
④ で〈动作主体的数量、范围〉

ユニット2
① N_1はN_2より～〈比较〉
② に〈状态、性质的对象〉
③ N_1（周期）にN_2（数量）〈频率〉
④ N_1だけで（じゃ）なくN_2も〈范围〉
⑤ （N_1の中で）N_2がいちばん～〈比较〉
⑥ N_1でもN_2でも（いい）〈许可〉
⑦ N_1とN_2と（では）どちら（のほう）が～〈选择〉
⑧ （N_1もN_2も）どちらも（同じぐらい）～〈相同〉
⑨ N_2よりN_1のほうが～〈比较〉
⑩ なかなかV（能动态）ない〈可能性的否定〉
⑪ の〈连体修饰语从句中的主语〉

ユニット3
① Nとともに〈类同〉
② 形容词的第一、第二连用形用于句子中顿
③ ～こと〈名词化〉
④ に〈原因、诱因〉
⑤ それで〈因果关系〉
⑥ Vていて〈中顿〉

第11課　京劇と歌舞伎

ユニット1

誘いの電話

王　　：（声音有些发抖）もしもし、高橋さんですか。王です。
高橋：あ、王さん。こんばんは。
王　　：今、ちょっといいですか。
高橋：ええ、どうぞ。
王　　：高橋さん、京劇、好きですよね。
高橋：ええ、大好きです。
王　　：実は、京劇の学校に通っている友達が、初めて舞台に立つんです。今度の土曜日なんですが、一緒に行きませんか。

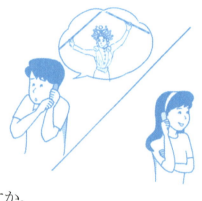

高橋：本当ですか？！　うれしい！　演目は何ですか。
王　　：「白蛇伝」という京劇です。知っていますか。
高橋：ええ。人間になった白蛇と青蛇の話ですね。
王　　：そうです。よく知っていますね。それから、えっと……鈴木さんも誘いましょうか。
高橋：いえ。鈴木さんは日曜日まで天津に行っていますから。
王　　：（松了一口气）そうですか、よかった。じゃあ、二人で行きましょう。
高橋：そうですね。場所はどこですか。
王　　：北京劇場です。知っていますか。
高橋：ええ、前門の近くにある劇場ですね。開演は何時ですか。
王　　：7時です。6時ごろ夕ご飯を食べて、それから行きませんか。
高橋：いいですね。
王　　：じゃあ、5時50分に正門の前で。
高橋：わかりました。土曜日が楽しみです。どうもありがとう。
王　　：じゃあ。（挂了电话以后）やったー！

解説・語彙

1. Nが好き／嫌い

「好き」「嫌い（讨厌；不喜欢）」为Ⅱ类形容词，用于表示对人或事物的好恶，其补足语一般用「が」格表示。相当于汉语的"喜欢，爱好""不喜欢，讨厌"等。从意义上讲，「好き」「嫌い」属于感情形容词，但它们不受人称的限制。例如：

(1) 高橋さん、京劇、**好き**ですよね。（高桥，你很喜欢京剧的吧？）
(2) 鈴木さんは高橋さんが**好き**です。（铃木喜欢高桥。）
(3) 私は魚が**嫌い**です。（我不喜欢吃鱼。）
(4) （私は）ウーロン茶は**好き**ですが、コーヒーは**嫌い**です。（我喜欢喝乌龙茶，不过不喜欢喝咖啡。）

2. 常用的感情形容词

本课重点学习感情形容词的用法（详见本单元语法解说"感情、感觉形容词"），现将几个主要且常用的日语感情形容词列表归纳如下：

〈感情形容詞〉

羨(うらや)ましい⑤ 羡慕	うれしい③ 高兴
悲(かな)しい⓪ 悲伤	寂(さび)しい③ 寂寞
苦しい③ 痛苦	怖(こわ)い② 怕；害怕
懐(なつ)かしい④ 怀念；怀恋	恥(は)ずかしい④ 害羞；不好意思
ほしい② 想要；想得到	残念③ 遗憾
心配⓪ 担心；惦记	嫌(いや)② 讨厌；厌恶

第 11 課　京劇と歌舞伎

> 解説・文法

1. 动词的连体形〈连体修饰语〉

　　意义：充当连体修饰语，对名词起修饰限定的作用。

　　说明：动词做连体修饰语时使用的词形叫做"连体形"。动词的各种简体形式，除了表意志的形式（如「しよう」「しなさい」）之外，大多可做连体形，如「する、した、しない、しなかった、している、していた、していない、していなかった」都可接在名词前用于修饰。

　　　　　连体修饰语从句中的主语不能用「は」表示，而要用「が」或者「の」（详见本课第2单元的语法解说11）。

> （1）**京劇の学校に通っている**友達が、初めて舞台に立つんです。
> （2）あそこは、**李さんがいつも行く**喫茶店です。
> （3）**私が初めて覚えた**日本語は「ありがとう」です。
> （4）**あそこで歌を歌っていた**人はどなたですか。
> （5）**学校に行かない**日はうちで勉強します。
> （6）**昨日来なかった**人は誰ですか。

2. 感情、感觉形容词

　　意义：表示人的心理状态或生理状态。

　　说明：感情形容词做谓语的句子一般主语多为第一人称，且经常省略。感情的对象、诱因等一般用「が」标记，构成「（私は）Nが～」的句式。非过去时陈述句的情况下，当第二或第三人称做主语时，做谓语的感情形容词要采用特定的形式，如可以在形容词词干的后面接构词后缀「-がる」使之动词化。

> （1）本当ですか？！**うれしい**！演目は何ですか。
> （2）日本人の友達が**ほしい**です。
> （3）朝から目が**痛い**です。
> （4）参加できないのが**残念**です。
> （5）渡辺さんが高橋さんを**うらやましがっています**。

☞ 描述第三人称高兴的状态时可以使用「嬉しい」的派生动词「嬉しがる」或感情动词「喜ぶ」，但前者多含贬义色彩，「喜ぶ」的感情色彩则是中性的。

(6) そんなに**嬉しがらないで**、まだまだ早いよ。

(7) 大学に入ることができましたね。ご両親も**喜んでいる**でしょう。

3. ～というN〈命名〉

意义：表示所要说明或询问的人或事物的名称。

译文：叫……的……；所谓的……

接续：名词＋という＋N

(1) 「白蛇伝」**という**京劇です。

(2) これは何**という**花ですか。

(3) 王　：田中さん**という**人を知っていますか。
　　高橋：いいえ、知りません。どなたですか。

(4) その田中さん**という**方は、お友達ですか。

4. で〈动作主体的数量、范围〉

意义：表示动作主体的数量、范围。

接续：表示人数的数量词或表示人员构成的名词＋で

(1) じゃあ、二人**で**行きましょう。

(2) 一人**で**行けますか。

(3) みんな**で**歌を歌いましょう。

(4) 夏休みに家族**で**旅行に出かけた。

解説・表現

1. こんばんは

功能：晚上与人见面时的寒暄语。

译文：晚上好

说明：多对不太熟悉的人使用。

第 11 課　京劇と歌舞伎

2. 今、ちょっといいですか

功能：询问对方现在是否方便，表示礼貌。
译文：你现在方便吗？现在可以吗？

3. 本当ですか

功能：表示惊奇。没有预料到事情发展的结果。
译文：真的吗？

4. うれしい！

功能：得到礼物等时，表示喜悦的心情。
译文：真高兴！太好了！
说明：「うれしい」表达的是由于外界的诱因在当时瞬间产生的快乐。而「楽しい」则是一种通过本人的体验产生的持续的愉快心情。两者均只能表达说话人的感情，但「楽しい」同时可以表达一些一般性的属性，例如「楽しい話」。

5. よく知っていますね

功能：赞叹对方熟知某件事情。
译文：你知道得真清楚；你还挺了解的
说明：一般不对长辈或上级使用。

6. やったー！

功能：用于欢呼自己的成功，或对某种结果高度认同。
译文：太好了。（干得）太棒了
说明：多为年轻人使用。

練 習

A 课文理解练习

请在符合课文内容的（　）中画〇，不符合的画×。

(1) （　）王さんは高橋さんをコンサートに誘いました。
(2) （　）高橋さんは王さんの誘いを受けました。
(3) （　）初めて京劇の舞台に立つ人は高橋さんの友達です。
(4) （　）高橋さんは「白蛇伝」の話を知っています。
(5) （　）鈴木さんは演劇があまり好きじゃないから一緒に行きません。
(6) （　）高橋さんと王さんは、土曜日、夕ご飯のあと一緒に大学を出ます。

B 基础练习

参考例句，完成句子。

1. 例　友達がいる／京劇の学校に通っている
　　　→　京劇の学校に通っている友達がいます。

(1) レストランが安い／キムさんがよく食べに行く
(2) 人は言ってください／消しゴムがない
(3) 会社は上海にある／父が勤めている
(4) 人は誰か／夕べ来た
(5) 人は張さんだ／昨日、京劇に行かなかった

2. 例1　猫（〇）
　　　→　A：猫が好きですか。
　　　　　B：はい、好きです。
　例2　猫（△）
　　　→　A：猫が好きですか。
　　　　　B：いいえ、あまり好きではありません。

第11課　京劇と歌舞伎

例3　猫（×）
→　A：猫が好きですか。
　　B：いいえ、好きではありません。嫌いです。

(1) 犬（○）　　　　　　　　(2) さしみ（△）
(3) 野球（×）　　　　　　　(4) チョコレート（○）
(5) お酒（△）　　　　　　　(6) アメリカの映画（×）

3. 例1　私／新しいパソコン／ほしい
→　私は新しいパソコンがほしいです。
　　例2　その犬／水／飲みたい
→　その犬は水を飲みたがっています。

(1) 私／子どものとき／懐かしい　　(2) 私／犬／怖い
(3) 高橋さんのお母さん／さびしい　(4) あの子／はずかしい

4. 例　昨日・どこ・ご飯を食べに行く／「もみじ」・日本料理のお店
→　A：昨日、どこへご飯を食べに行きましたか。
　　B：「もみじ」という日本料理のお店です。

(1) 先週の日曜日・どんな本・読む／「こころ」・本
(2) 昨日・誰・来る／山本さん・女性
(3) 今・どこ・アルバイトをする／"你好"・喫茶店
(4) これから・何のＣＤ・聞く／「花」・日本の歌

5. 例　鈴木さん・忙しい／2人・行く
→　鈴木さんは忙しいですから、2人で行きましょう。

(1) 李さん・病気／私たち・する
(2) 今晩・新入生の歓迎会／クラス全員・歌を歌う
(3) パソコン・1台しかない／みんな・使う
(4) グループのメンバー・1人来られない／4人・頑張る

C 会话练习

请和你的同伴想象一个具体场景，仿照例子练习对话。

1. 指认人

A：李明さんはどの人ですか。

B：李明さんですか。ほら、＿＿＿＿＿で＿＿＿＿＿ している人ですよ。

A：ああ、あの人が李明さんですか。

> 例　A：李明さんはどの人ですか。
> 　　B：李明さんですか。ほら、あそこでバスケットボールの練習
> 　　　　をしている人ですよ。
> 　　A：ああ、あの人が李明さんですか。

2. 邀请。商量见面时间、地点

A：明日、＿＿＿＿＿に行くんです。Bさんも一緒に行きませんか。

B：え、本当ですか。ぜひ。

A：じゃあ、＿＿＿＿＿に＿＿＿＿＿で。

B：わかりました。

> 例　A：明日、美術館に行くんです。Bさんも一緒に行きませんか。
> 　　B：え、本当ですか。ぜひ。
> 　　A：じゃあ、７時50分に大学の正門の前で。
> 　　B：わかりました。

D 拓展练习

1. 以下是词典上单词的释义，你知道是哪个单词吗？

(1) 外国へ２学期以上滞在して勉強する学生。

(2) ことばをたくさん集めて一定の規準で〈整理／分類〉し、発音・表記・意味・用法などを説明した本。

(3) 路上や乗車場で客を乗せる自動車。

(4) 雲が浮かび、昼はいちめんに青く見える、高いところ。

(5) いいことがあって、心が瞬間的に明るくなる気持ち。

(6) 顔の中で、ものを見る働きを受け持つ部分。人間では、額の下で鼻の左右に一つずつある。

第11課　京劇と歌舞伎

（7）牛乳からとった脂肪を固めた食品。

（8）子（である自分）を生んだ人。また、育てた人。

（9）革・ゴム・布などで作った、足を覆う履物。

（10）学問や技術・芸術を教える人。

2. 你能用日语解释以下几个单词吗？
  （1）朝ご飯　　　　　　　（2）姉
  （3）家（いえ）　　　　　（4）おみやげ
  （5）勉強

3. 准备2个单词考考你的同学吧！

ユニット2

高橋さんの夢

（看完京剧，高桥与小王在喝茶聊天）

高橋：今日はありがとうございました。本当におもしろかったです。

王　：いえいえ。高橋さんは私よりずっと京劇に詳しいですね。どうして京劇が好きになったんですか。

高橋：きっと母の影響ですね。母はお芝居や音楽が好きで、私も小さいときにいろいろなものを見に行っていたんです。2、3か月に1回ぐらい何かを見ていました。

王　：お芝居や音楽って、例えばどんなものですか。

高橋：歌舞伎とかバレエとかオペラとか……。京劇にもそのときに出会いました。

王　：お母さんは日本の舞台だけじゃなく、外国の舞台にも興味があるんですね。

高橋：ええ。でも、母はお芝居の中では歌舞伎がいちばん好きです。

王　：高橋さんは？

高橋：私は宝塚と京劇が好きです。王さん、宝塚って知っていますか。

王　：ええ。女性だけが出演する舞台のことですね。京劇は男性でも女性でもいいんですよ。じゃあ、宝塚と京劇とではどちらのほうが好きですか。

高橋：どちらも同じぐらい好きです。でも、実際に見たのは、京劇より宝塚のほうが多いです。日本では、京劇はなかなか見られません。

王　：そうでしょうね。高橋さんは将来舞台に立ちたいんですか。

高橋：まだわかりません。私は、演じるのと歌うのは得意なんですけど、踊るのは苦手なんです。でも、何か舞台と関係のある仕事がしたいですね。

王　：すてきな夢ですね。私も応援します。

第11課　京劇と歌舞伎

> **"N个月"的几种写法**
>
> 在日语中，表示"N（N为数字）个月"这一意思的数量词有以下几种书写方式：「Nカ月・Nか月・Nケ月・Nヵ月・Nヶ月・N箇月・N個月」，它们的发音除数字"N"外，均读成「（N）かげつ」。

解説・音声

1. Nより

名词为平板型时，「より」读成②型。
　　東京⓪→と**うきょうより**②

名词为起伏型时，「より」低读。
　　北京①→ペ**きんより**　　　夏②→な**つ**より

2. Nにも

名词为平板型时，「にも」读成②型。
　　教室⓪→きょ**うしつにも**②

名词为起伏型时，「にも」低读。
　　寮①→りょ**う**にも　　　部屋②→へ**や**にも
　　正面③→しょ**うめ**んにも

解説・語彙

1. 舞台（ぶたい）

「舞台（ぶたい）」在日语中除了与汉语同义，表示"进行演技表演的场所"（如例1）和引申义的"发挥本领的场所"（如例2）这两个意思外，还可以表示"舞台艺术，文艺表演，演技"（如例3）。例如：

(1) 初めて**舞台**に立つ。（第一次登台。）
(2) 政治の**舞台**（政治舞台）
(3) お母さんは日本の**舞台**だけじゃなく、外国の**舞台**にも興味があるんですね。（您母亲不光对日本的舞台艺术，对国外的表演也很有兴趣呢。）

解説・文法

1. N_1はN_2より～〈比較〉

意义：表示比较，N_1比N_2更具有谓语所示的特征。
译文：比……（更）……
接续：名词＋は＋名词＋より
说明：「より」是格助词，表示比较的基准。比较句中可以用副词「ずっと」表示二者程度相差很多。

(1) 高橋さん**は**私**より**ずっと詳しいですね。
(2) 京華大学**は**北燕大学**より**大きいです。
(3) 月曜日**は**火曜日**より**忙しいです。
(4) 母**は**父**より**朝早く起きます。

2. に〈状态、性质的对象〉

意义：表示状态、性质的对象。
译文：对于……；对……
接续：名词＋に＋表示能力、态度、必要性等意义的形容词

(1) 高橋さんは京劇**に**詳しいです。
(2) 遠藤先生は学生**に**優しいです。
(3) 今日は旅行**に**必要なものを買った。
(4) 電子辞書は外国語の勉強**に**便利です。

第11課　京劇と歌舞伎

3. N₁（周期）にN₂（数量）〈頻率〉

意义：表示在某一周期内动作的频率。

译文：（平均）每……

接续：时间名词（表示周期）＋に＋次数

> （1）2、3か月に1回ぐらい何かを見ていました。
> （2）この薬を1日に3回飲んでください。
> （3）私は週に1回中国語教室へ行っています。

4. N₁だけで（じゃ）なくN₂も〈范围〉

意义：表示成立的范围。

译文：不仅N₁，N₂也……

接续：名词＋だけで（じゃ）なく＋名词＋も

说明：「だけでなく」在口语中可以说成「だけじゃなく」。

> （1）お母さんは日本の舞台だけじゃなく、外国の舞台にも興味があるんですね。
> （2）あの人は英語だけでなく、日本語も話せます。
> （3）1年生だけじゃなく、2年生と3年生もパーティーに行きます。

5. （N₁の中で）N₂がいちばん～〈比较〉

意义：表示比较，在N₁所示的范围内N₂最具有谓语所示的特征。

译文：在N₁之中，N₂最……

接续：名词＋（の中）で＋名词＋がいちばん

说明：N₁是明显的表示范围的名词时，后续的「の中」可省略。

> （1）母はお芝居の中では歌舞伎がいちばん好きです。
> （2）クラスの中で、王さんがいちばん日本語が上手です。
> （3）中華料理の中では、北京ダックがいちばんおいしいです。
> （4）日本でいちばん高い山は、富士山です。

6. N₁でもN₂でも(いい) 〈許可〉

意义：表示N₁、N₂均在许可范围内。

译文：N₁和N₂都可以

接续：名词＋でも＋名词＋でも＋（「いい／大丈夫」等）

> （1） 京劇は男性でも女性でもいいんですよ。
> （2） メールでも電話でもいいです。連絡してください。
> （3） 土曜日でも日曜日でも大丈夫です。

7. N₁とN₂と(では)どちら(のほう)が～ 〈选择〉

意义：表示选择性疑问，询问N₁、N₂二者中哪个更具有谓语所示的特征。

译文：N₁和N₂，哪个更……

接续：名词・と＋名词・と（では）＋どちら＋（のほう）が

说明：「では」「のほう」可省。回答一般用「N₁／N₂のほうが～」或者「（N₁もN₂も）どちらも（同じぐらい～）」（见本单元语法解说8）。

> （1） 京劇と宝塚とではどちらのほうが好きですか。
> （2） 高橋：李さんと張さんと、どちらが英語が上手ですか。
> 　　　王　：李さんのほうが上手です。
> （3） 王　：日本では、7月と8月と、どちらが暑いですか。
> 　　　鈴木：8月のほうが暑いです。

8. (N₁もN₂も)どちらも(同じぐらい)～ 〈相同〉

意义：表示通过比较得出N₁和N₂两者的性质或状态基本相同的结论。

译文：N₁和N₂都一样……

接续：名词・も＋名词・も＋どちらも＋（同じぐらい）

> （1） 王　：京劇と宝塚とではどちらのほうが好きですか。
> 　　　高橋：どちらも同じぐらい好きです。
> （2） 鈴木：英語と日本語とどちらが難しいですか。
> 　　　李　：どちらも難しいです。
> （3） 山本さんはサッカーもテニスも、どちらも上手です。

第11課　京劇と歌舞伎

9. N₂よりN₁のほうが~〈比較〉

意义：表示比较，N₁比N₂更具有谓语所示的特征。

译文：与N₂相比，N₁（更）……

接续：名词・より＋名词・のほうが

说明：这一句式是「N₁はN₂より~」的变体，也可将词序变为「N₁のほうがN₂より~」。

> （1）実際に見たのは、京劇より宝塚**のほうが**多いです。
> （2）北燕大学**より**京華大学**のほうが**大きいです。
> （3）火曜日**より**月曜日**のほうが**忙しいです。
> （4）父**より**母**のほうが**朝早く起きます。

10. なかなかV（能动态）ない〈可能性的否定〉

意义：表示难以达成某种行为、状态。

译文：不容易……；很难……

接续：なかなか＋动词能动态的否定形式

> （1）日本では京劇は**なかなか**見られません。
> （2）みんな忙しいから、**なかなか**会えません。
> （3）この町ではさしみは**なかなか**食べられません。

11. の〈连体修饰语从句中的主语〉

意义：表示连体修饰语从句中的主语。

接续：名词＋の・谓语

说明：连体修饰语从句中的主语原本用格助词「が」表示，但常常被替换成「の」。如果从句主语用「の」容易引起误解时，宜使用「が」格。[如例（4）]。

> （1）将来、何か舞台と関係**の**ある仕事がしたいです。
> （2）あそこは、李さん**の**いつも行く喫茶店です。
> （3）私**の**初めて覚えた日本語は「ありがとう」です。
> （4）王さん**が**（×の）友達に送ったメールは届きませんでした。

ユニット2　高橋さんの夢

解説・表現

1. 私も応援します

　　功能：表示自己支持对方的态度。
　　译文：我支持你
　　说明：请求对方支持时，可以说「応援してください」。

練習

A 课文理解练习

请在符合课文内容的（　）中画○，不符合的画×。

(1) （　）高橋さんは中国で京劇をたくさん見たから京劇が好きになりました。
(2) （　）高橋さんは小さいとき、よくお母さんと一緒にお芝居を見ました。
(3) （　）高橋さんが初めて京劇を見たのは高校のときです。
(4) （　）高橋さんは小さいとき、よくお母さんと一緒に、歌舞伎を見ました。
(5) （　）高橋さんは日本にいるとき京劇より宝塚をたくさん見ました。
(6) （　）高橋さんは踊りが得意です。

B 基础练习

参考例句，完成句子。

1. 例　山下さん＞私／映画に詳しい
　　→　山下さんは私より映画に詳しいです。

(1) 王さん＞劉さん／親切
(2) 張さん＞李さん／早く起きる
(3) 上海＞北京／人口が多い
(4) あの公園＞この公園／ずっと静か

第11課　京劇と歌舞伎

2. 例　スポーツ／健康／いい　→　**スポーツは健康にいいです。**

> (1)　鈴木さん／コンピューター／詳しい
> (2)　タバコ／健康／悪い
> (3)　寮／デパート／近い
> (4)　電子辞書／携帯／便利

3. 例1　：1週間・何冊・本を読む／5冊
　　　　A：1週間に何冊ぐらい本を読みますか。
　　　　B：5冊ぐらいです。
　　例2　：1日・何人・メールを送る／3人
　　　　A：1日に何人にメールを送りますか。
　　　　B：3人ぐらいです。

> (1)　1年・何回・家に帰る／2回
> (2)　1日・何通・メールが来る／5通
> (3)　1ヶ月・いくら・お金を使う／700元
> (4)　1日・何人・日本語で話す／3人

4. 例　子ども／大人／ゲームをする
　　　→　**子どもだけでなく大人もゲームをします。**

> (1)　平日／休日／オープンしている
> (2)　白黒／カラー／コピーできる
> (3)　中華料理／日本料理／作れる
> (4)　大学生／社会人／『綜合日語』で勉強している

5. 例　スポーツ・得意／卓球
　　　→A：スポーツの中で何がいちばん得意ですか。
　　　　B：**卓球がいちばん得意です。**

> (1)　料理・得意／カレー
> (2)　野菜・好き／白菜
> (3)　果物・好き／すいか
> (4)　食べ物・嫌い／チーズ

6. 例　京劇・女性・出演する／男性・女性

　　→A：京劇は女性だけが出演するんですか。
　　　B：いいえ、男性でも女性でもいいんですよ。

(1) 勉強会・1年生・参加する／1年生・2年生
(2) 水泳の試合・中国人学生・出場する／中国人学生・留学生
(3) このパソコン・留学生・使える／留学生・中国人学生
(4) この博物館・平日・見学できる／平日・休日

7. 例　歴史・経済・好き／（歴史≦経済）

　　→　A：歴史と経済とどちらのほうが好きですか。
　　　　B_1：どちらも同じぐらい好きです。
　　　　B_2：歴史より経済のほうが好きです。

(1) 会話・作文・得意／（会話≦作文）
(2) チョコレートケーキ・チーズケーキ・おいしい／（チョコレートケーキ≦チーズケーキ）
(3) ロック・クラシック・好き／（ロック≦クラシック）
(4) 卓球・バドミントン・おもしろい／（卓球≦バドミントン）

8. 例　試験の前の日は眠れない

　　→　試験の前の日はなかなか眠れない。

(1) 甘いものがやめられない
(2) 発表のテーマが決められない
(3) 好きな人に話しかけられない
(4) 昨日会った人の名前が思い出せない

C 会话练习

请和你的同伴想象一个具体场景，仿照例子练习对话。

1. 谈论故乡

　　A：Bさんの故郷はどこですか。
　　B：＿＿＿＿です。

第11課　京劇と歌舞伎

A：北京とどう違いますか。
B：そうですね。_____。

> 例　A：Bさんの故郷はどこですか。
> 　　B：雲南省です。
> 　　A：北京とどう違いますか。
> 　　B：そうですね。北京より料理がおいしいです。

2. 谈论梦想

A：Bさんの夢は何ですか。
B：_____ことです。
A：ステキな夢ですね。

> 例　A：Bさんの夢は何ですか。
> 　　B：世界を旅行することです。
> 　　A：ステキな夢ですね。

D　拓展练习

　　介绍自己的排行榜，分别列举出你最喜欢吃的5种水果和觉得最有趣的5本书，并说明理由。最后请你根据自己的情况做一个属于自己的排行榜。

私の好きな果物ランキング

1. _____　理由：_____
2. _____　理由：_____
3. _____　理由：_____
4. _____　理由：_____
5. _____　理由：_____

ユニット2　高橋さんの夢

面白かった本ランキング

1. _____　理由：_____
2. _____　理由：_____
3. _____　理由：_____
4. _____　理由：_____
5. _____　理由：_____

私の_____ランキング

1. _____　理由：_____
2. _____　理由：_____
3. _____　理由：_____
4. _____　理由：_____
5. _____　理由：_____

第11課　京劇と歌舞伎

中国话剧与日本

　　话剧原本是西方的戏剧形式，在中国，比起历史悠久的中国戏曲，话剧应当算是后起之秀。20世纪初，一群留学日本的热血青年在一衣带水的邻邦揭开了中国话剧的序幕。

　　1906年冬，中国留学生在东京成立了艺术团体"春柳社"，主要成员有李叔同（弘一法师，歌曲《送别》的词作者）、欧阳予倩等。1907年该社演出了法国作家小仲马的《茶花女》第三幕，李叔同饰演女主人公。在演出中，他们仿照日本新剧（日本人引进的西方戏剧）的形式，摒弃唱腔，改用口语对白演绎故事。他们的演出，在形式上迥异于传统戏曲而接近于西方戏剧，被公认为中国现代话剧史的开端。不久，他们又根据林琴南（林纾）的中译本《黑奴吁天录》，将美国作家斯托夫人的小说《汤姆叔叔的小屋》改编为新剧，该剧表现了被压迫者的反抗精神，在思想内容上很有现实性。

　　1910年底，曾经留学日本并热心戏剧活动的任天知在上海创建了话剧（新剧）职业剧团"进化团"，以戏剧的方式宣传自由民权思想和民主革命，推出了《安重根刺杀伊藤博文》《血蓑衣》等剧目，并在各地巡回演出。"进化团"为中国话剧的发展开辟了新路，并在某种程度上开启了话剧干预现实的先河。

ユニット3

日本の伝統芸能：歌舞伎

　歌舞伎は、能狂言や文楽とともに日本三大伝統芸能のひとつである。伝統芸能の中では、14世紀に始まった能狂言の歴史がいちばん古い。歌舞伎は能狂言より歴史が新しく、17世紀に始まった。

　「歌舞伎踊り」は、もともと「奇抜な踊り」の意味で、阿国（おくに）という女性が男性の格好をして、ストーリーのない踊りを踊ったのが最初である。当時、芸能は男性だけが行っていたから、女性の踊りは珍しかった。また、それだけでなく、女性が男性の格好をして踊ることにも人々はびっくりした。それで、歌舞伎踊りはあっという間に大流行した。

　その後、江戸幕府は女性や少年が歌舞伎踊りを踊るのを禁止した。歌舞伎役者に女性がいないのは、このときからである。

　歌舞伎は隈取が有名だ。隈取は顔の血管や筋肉を表していて、赤は英雄、青は悪人、茶色は魔物や化け物を表す。

　歌舞伎は、さまざまな物語のジャンルや独特の舞台装置も完成し、日本を代表する伝統芸能になった。400年経った今も多くのファンを魅了している。

第11課　京劇と歌舞伎

解説・音声

1. 形容词第一连用形

连体形为平板型的形容词，其第一连用形仍为平板型。

あかい⓪ → あかく⓪　　　　　やさしい⓪ → やさしく⓪

起伏型形容词，变为第一连用形时，原则上声调核向前（左）移动一个位置。

よい① → よく　　　　　さむい② → さむく

たのしい③ → たのしく／たのしく

なつかしい④ → なつかしく／なつかしく

解説・文法

1. Nとともに〈类同〉

意义：表示某事物与主语性质相同。

译文：与……相同，与……一样（都）

接续：名词＋と＋ともに

> （1）歌舞伎は、能狂言や文楽**とともに**日本三大伝統芸能のひとつである。
> （2）上海は北京**とともに**中国を代表する大都市である。
> （3）英語は日本語**とともに**必修科目です。

2. 形容词的第一、第二连用形用于句子中顿

意义：表示句子的并列、中顿。

说明：我们在第4课第3单元学过形容词的第二连用形的用法，在第6课第3单元学过形容词的第一连用形的用法，其变化规则总结如下：

	第一连用形		第二连用形	
	规则	例	规则	例
Ⅰ类形容词	Aい→Aく	高い→高く	Aい→Aくて	高い→高くて
Ⅱ类形容词	Aだ→Aに	便利だ→便利に	Aだ→Aで	便利だ→便利で

Ⅰ类形容词的中顿既可以使用第一连用形（如例（1）、（2）），也可以使用第二连用形（如例（3）、（4）），前者多用于书面语，后者口语中多用。而Ⅱ类形容词的中顿只有第二连用形一种形式（如例（5）、（6））。

(1) 歌舞伎は能狂言より歴史が**新しく**、17世紀に始まった。
(2) 日本は山が**多く**、川も少なくない。
(3) 昨日友達と行ったレストランは**安くて**、おいしかったです。
(4) 大学の図書館は**広くて**、本が多いです。
(5) 張さんはテニスが**上手で**、水泳も得意だ。
(6) 彼の説明は**複雑で**、専門的だ。

3. 〜こと〈名词化〉

意义：表示小句的名词化。
接续：动词、形容词连体形＋こと、名词＋である＋こと
说明：「こと(事)」除了作为普通名词使用以外，还可以作为形式名词使用。小句后接「こと」后变成一个名词性成分，其后可接格助词或判断词。

(1) それだけでなく、女性が男性の格好をして踊る**こと**にも人々はびっくりした。
(2) 私の趣味は絵を描く**こと**だ。
(3) 毎日努力する**こと**がいちばん大事だ。
(4) いちばん大事なのは毎日努力する**こと**だ。
(5) 高橋さんのお姉さんが看護師である**こと**を知らなかった。

☞ 除了「こと」之外，常见的形式名词还有「もの、ところ、はず、わけ、なか」等，它们的意义各不相同。形式名词一般都使用平假名书写。

第11課　京劇と歌舞伎

4. に〈原因、诱因〉

意义：表示产生某种感情或感觉的原因。

接续：名词+に

说明：谓语多为表达感情、感觉的动词。

> （1）それだけでなく、女性が男性の格好をして踊ることにも人々はびっくりした。
> （2）兄はお金に困っている［为难，烦恼］。
> （3）今の大学生活にとても満足している。
> （4）高校卒業のとき、友達が書いてくれた言葉に感動した。

5. それで〈因果关系〉

意义：表示前后两句之间的因果关系。

译文：所以……；因此……

接续：前句。それで+后句

说明：表示结果的后句一般为与说话人的意志无关的、自然发生的行为。

> （1）女性が男性の格好をして踊ることにも人々はびっくりした。それで、歌舞伎踊りはあっという間に大流行した。
> （2）この食堂は安くておいしい。それで、いつも混んでいる。
> （3）あの人は日本で3年間勉強した。それで、ほかの学生より日本語が上手なんだ。

6. Vていて〈中顿〉

意义：表示句子的并列、中顿。

接续：Vて+いて

说明：是「Vている」的中顿形式。书面语或正式的谈话中多使用「Vており」。

> （1）隈取は顔の血管や筋肉を表していて、赤は英雄、青は悪人、茶色は魔物や化け物を表す。
> （2）将来のことを考えていて、舞台と関係のある仕事がしたいと思っています。
> （3）両国の文化交流史について興味を持っており、研究を続けている。

練　習

A　课文理解练习

归纳关于歌舞伎的主要信息，填写任务单。

歴史	
歌舞伎の役者	
隈取の意味	

B　基础练习

参考例句，完成句子。

1. 例　故宮／万里の長城／中国を代表する名所旧跡だ
    → 故宮は万里の長城とともに、中国を代表する名所旧跡だ。

   (1) スマホ／インターネット／世界中に普及している
   (2) 広州／上海／中国南方の有名な都市である
   (3) サークル活動／専門の勉強／重要な経験である
   (4) 睡眠／食事／生活の基本だ

2. 例　歌舞伎は能狂言より歴史が新しい。17世紀に始まった。
    → 歌舞伎は能狂言より歴史が新しく、17世紀に始まった。

   (1) 中国は歴史が古い。名所旧跡がたくさんある。
   (2) 東京は人口が多い。いつもにぎやかだ。
   (3) この電子辞書は値段が安い。取り扱いも簡単だ。
   (4) あの店は料理の種類が多い。雰囲気もいい。

第11課　京劇と歌舞伎

3. 例　サッカーをする／好き
　　　→　サッカーをすることが好きだ。

（1）掃除をする／あまり好きでない
（2）観光地のチケットを集める／趣味
（3）李さんが入院した／聞いた
（4）メールに書いた／もう覚えていない

4. 例　勉強／疲れている　→　勉強に疲れています。

（1）お金／困っていた　　　　（2）事業／失敗した
（3）試験の結果／満足している　（4）美しい桜並木／感動した

5. 例　このレストランは料理がおいしい。非常に人気がある。
　　　→　このレストランは料理がおいしい。それで、非常に人気がある。

（1）彼女は音楽が大好きだ。いつも新しいCDを買っている。
（2）仕事が忙しい。映画を見に行く時間がない。
（3）日本の大学は今、冬休みだ。中国へ遊びに来る人が多い。
（4）昨日、友達と遅くまで話をしていた。今日はとても眠い。

6. 例　空が晴れている／暖かい　→　空が晴れていて、暖かいです。

（1）彼は結婚している／子どももいる
（2）スープに骨が入っている／カルシウムが豊富だ
（3）父は工場をやっている／ほとんど休みがない
（4）店が閉まっている／誰もいなかった

C 拓展练习

任务：查阅并整理有关中国文化或日本文化的资料。
目标：学习查阅中国和日本的相关资料。
形式：分组。
步骤： (1) 确定题目，查阅资料。
　　　 (2) 整理资料，并提交书面报告。
例： 太極拳、故宮、兵馬俑、京劇、切り紙、中華料理
　　 相撲、柔道、生け花、茶道、すし、おせち料理

第10课　「和製英語」答案：

アフター・サービス［和製after service］售后服务
ノートパソコン［和製notebook computer］笔记本电脑
ガソリン・スタンド［和製gasoline stand］加油站
キー・ポイント［和製key point］要点，重点
ゴールデン・ウィーク［和製golden week］黄金周

第12課　年末

学习目标

1. 能够用日语说明意向。

2. 能够用日语商讨计划和安排。

3. 能够用日语总结学习和生活。

语法学习要点

ユニット1

① 动词的意志形
② ～と思う〈想法〉
③ ～予定だ〈计划〉
④ ～かどうか〈选择〉
⑤ Vたことがある〈经历〉
⑥ ～だろう〈推测〉

ユニット2

① あげる／くれる／もらう〈授受〉
② Vることがある〈频率低〉
③ ～つもりだ〈打算〉

ユニット3

① ～たり、～たりする〈交替、反复、并列〉
② Nを通じて〈手段、方法〉

ユニット1

忘年会の相談

（鈴木、山田和渡辺正在商量事，这时小王来了）

王　　：こんにちは。何かの相談ですか。
鈴木　：ええ、遣唐使の会で忘年会を開こうと思って、計画を立てているんです。
王　　：それはいいですね。いつですか。
山田　：12月25日です。
王　　：その日は、私たち日本語学科も忘年会を開く予定です。どうですか。一緒にしませんか。
山田　：いいんですか。
王　　：ええ、もちろん。
山田　：会場はどこにしますか。
渡辺　：留学生会館の集会室が使えるかどうか調べましょうか。
山田　：そうですね。じゃ、渡辺さん、お願いします。忘年会でプレゼント交換をしますか。
鈴木　：いいですね。それから、何か一緒にやる出し物を考えましょう。
渡辺　：お芝居はどうですか。
王　　：いいですね。でも、みんな芝居をしたことがありますか。
渡辺　：私はありません。
山田　：私もありません。高橋さんはどうでしょう。
王　　：たぶん、したことがあるだろうと思います。演劇学科志望ですから。
山田　：そうですね。じゃあ、高橋さんを主演女優にしましょう。脚本は誰が書くんですか。
鈴木　：私が書きます。おもしろい脚本が書けるかどうかわかりませんが。
王　　：主演男優は誰ですか。
鈴木　：王さん、お願いします。
王　　：えー？　どんなお芝居ですか。
鈴木　：うーん、現代版「かぐや姫」！

第12課　年末

解説・音声

1. V（よ）う

无论动词为何种声调，「V（よ）う」一律读成②型。

買う⓪→か**お**う②　　　行く⓪→い**こ**う②
読む①→よ**も**う②　　　書く①→か**こ**う②
作る②→つく**ろ**う②　　集める③→あ**つ**めよう②

解説・語彙

1. やる

「やる」是个多义词，通常有如下几个常用意义。

(1) 做……。这一意义与「する」接近，但是与「する」相比，意义更加具体，表示一些具体的肢体活动。例如：
① ○野球を**やる**（打棒球，意义基本等同于「野球をする」）
② ×けがをやる（「けがを**する**」受伤）

(2) 表演。这一意义与上面的"做……"是有直接联系的，表演就是一种肢体活动。

解説・文法

1. 动词的意志形

意义：表示意志、建议。
译文：要……；……吧
说明：动词后接表示意志、建议的后缀「（よ）う」时构成动词的意志形，其构成规则是：

动词类型	变化规则		意志形
Ⅰ类动词	词尾「う」段假名→「お」段假名＋「う」		
	買う	→ 買お＋う	買おう
	書く	→ 書こ＋う	書こう
	急ぐ	→ 急ご＋う	急ごう
	話す	→ 話そ＋う	話そう
	立つ	→ 立と＋う	立とう
	死ぬ	→ 死の＋う	死のう
	運ぶ	→ 運ぼ＋う	運ぼう
	読む	→ 読も＋う	読もう
	作る	→ 作ろ＋う	作ろう
Ⅱ类动词	去掉词尾「る」＋「よう」		
	見る	→ 見＋よう	見よう
	集める	→ 集め＋よう	集めよう
Ⅲ类动词	来る	→ 来＋よう	来よう
	する	→ し＋よう	しよう

　　动词的意志形用于第一人称句时，表示说话人（第一人称）要进行该动作的意志；用于第一、二人称句时，表示说话人（第一人称）建议对方（第二人称）与自己共同进行该动作，它是在第7课和第8课学过的「Vましょう」的简体形式。

(1) 遣唐使の会で忘年会を**開こう**と思って、計画を立てているんです。

(2) 明日朝早いから、今晩早く**寝よう**。

(3) みんなで**頑張ろう**。

(4) 人数が足りないから、王さんも一緒に**行こう**。

☞　「V（よ）う」后接「と思う」构成「V（よ）うと思う」这个句式，表示说话人（第一人称）的意志，即决定要做某事，相当于汉语的"我想要……；我决心……"等。

(5) 今日は早く**帰ろう**と思います。

(6) 今晩久しぶりに映画を**見よう**と思います。

(7) **運動しよう**と思いますけど、時間がありません。

第 12 課　年末

2. ～と思う〈想法〉

　　意义：表示说话人（第一人称）思考的内容。
　　译文：我想……；我认为……
　　接续：简体的句子＋と思う

> (1) 遣唐使の会で忘年会を開こうと思って、計画を立てているんです。
> (2) 鈴木：パーティーで何をしましょうか。
> 　　山田：プレゼント交換がいいと思います。
> (3) 家を買うのは大変だと思う。
> (4) 高橋さんはきっと来ると思う。

☞ 当「と思う」以非过去时的形式用于陈述句时，表示说话人（第一人称）的思考内容，因此主语经常省略。

如果使用「～と思っている」的句式，则既可以表示第一人称的思考内容，也可以表示其他人称（非说话人）的思考内容。「～と思っている」强调在一定时间内一直持有该想法。

> (5) 王さんは日本に留学しようと思っている。
> (6) 私は将来教師になろうと思っています。
> (7) 英語より日本語のほうが難しいと思っている人が多いです。

☞ 「と思う／と思っている」前面要用句子的简体形式。

> (8) ×李さんはパーティーに来ませんと思います。
> 　　→李さんはパーティーに来ないと思います。
> (9) ×もっと頑張りましょうと思います。
> 　　→ もっと頑張ろうと思います。

3. ～予定だ〈计划〉

　　意义：表示某人的计划。
　　译文：计划……；准备……
　　接续：Vる＋予定だ
　　　　　Nの＋予定だ

(1) 私たち日本語学科も忘年会を開く予定です。
(2) 夏休みは久しぶりに国に帰る予定です。
(3) 今度の交流会は11月4日（土）の予定だ。
(4) 日本語教室は4月から開催の予定です。

4. 〜かどうか〈選択〉

意义：用于提出肯定或否定的两种情况，表达疑问或难以判断。

译文：……还是不……；……与否

接续：动词、Ⅰ类形容词的简体＋かどうか
　　　名词、Ⅱ类形容词词干＋かどうか

(1) 留学生会館の集会室が使えるかどうか調べましょうか。
(2) このことを、あの人が知っているかどうか、よくわかりません。
(3) 東京の冬は寒いかどうか、日本人の友達に聞きます。
(4) 登録のとき、学生かどうかのチェックがあります。
(5) 2月中旬に日本へ旅行に行く予定です。コート［大衣］が必要かどうか教えてください。

5. Ｖたことがある〈经历〉

意义：表示曾经有过的经历。

译文：（曾经）……过

接续：Ｖた＋ことがある

(1) みんな芝居をしたことがありますか。
(2) 私は富士山に登ったことがあります。
(3) 私はまだ日本料理を食べたことがない。
(4) 李：海を見たことがありますか。
　　王：いいえ、一度も（見たことが）ありません。

6. 〜だろう〈推測〉

意义：表示说话人的主观推测。

译文：大概……吧；……吧

第 12 課　年末

接续：动词、Ⅰ类形容词的简体＋だろう
　　　　Ⅱ类形容词的词干、名词＋だろう

说明：是「でしょう」的简体形式，经常与「ね」「と思う」搭配使用。

(1) 山田：高橋さんはどうでしょう。
　　王　：たぶん、したことがある**だろう**と思います。
(2) 大学生活は楽しい**だろう**。
(3) 明日も雨**だろう**。
(4) あそこへは電車よりバスのほうが便利**だろう**。

練　習

A　课文理解练习

请在符合课文内容的（　）中画〇，不符合的画×。

(1) （　）鈴木さんたちは忘年会を開く計画を立てています。
(2) （　）遣唐使の会と日本語学科が一緒に忘年会を開きます。
(3) （　）忘年会は留学生寮でします。
(4) （　）忘年会では、プレゼント交換をします。
(5) （　）お芝居の脚本は渡辺さんが書きます。
(6) （　）主演男優は鈴木さんです。

B　基础练习

参考例句，完成句子。

1. 例　カラオケに行く
　　　→ **カラオケに行きましょう。**
　　　→ **カラオケに行こう。**

(1) 少し休む　　　　　　(2) 相互学習をする
(3) 友だちになる　　　　(4) タクシーで行く

2. 例　パソコンを買う／お金を貯める
　　　→　パソコンを買おうと思います。
　　　→　パソコンを買おうと思って、お金を貯めているんです。

> (1) フランス料理を作る／料理の本を読む
> (2) お金を貯める／アルバイトをする
> (3) 旅行をする／ガイドブックで調べる
> (4) 日本へ留学する／日本語を勉強する

3. 例　日曜日、出かける　→　日曜日、出かける予定です。

> (1) 土曜日、友達と会う　　　(2) 夏休みに海水浴に行く
> (3) 朝6時に出発する　　　　(4) 来週、パーティーを開く

4. 例　日本語／やさしい　→　日本語はやさしいと思います。

> (1) オンライン決済／便利　　(2) 趙さん／きれいになった
> (3) 王さん／もうすぐ帰ってくる
> (4) そんなに頑張らなくてもいい

5. 例　場所・どこ／留学生会館の集会室・使える・調べる
　　　→　A：場所はどこにしますか。
　　　　　B：留学生会館の集会室が使えるかどうか調べましょう。

> (1) 場所・どこ／会議室・使える・調べる
> (2) 晩ご飯・どこ／あの新しいレストラン・おいしい・先輩に聞く
> (3) 集合時間・何時／朝6時半・集合できる・みんなに相談する
> (4) 発表者・誰／留学生の山下さん・発表のテーマに興味がある・聞く

6. 例1　この小説を読む／（○）
　　　→　A：この小説を読んだことがありますか。
　　　　　B：はい、あります。
　　例2　テストで0点を取る／（×）
　　　→　A：テストで0点を取ったことがありますか。
　　　　　B：いいえ、ありません。

第12課　年末

(1) 富士山に登る／（×）　　(2) 海で泳ぐ／（〇）
(3) おすしを食べる／（〇）　(4) UFOを見る／（×）

7. 例　王さん・何時ごろ・来る／8時ごろ・来る
　→　A：王さんは何時ごろ来るでしょうか。
　　　B：たぶん、8時ごろ来るだろうと思います。

(1) 日本の雑誌・どこ・買える／ネットショップ・買える
(2) 李さん・どこ・いる／食堂・いる
(3) 高橋さん・どんな人・好き／親切な人・好き
(4) 新しい教科書・どんな教科書／おもしろい

C　会话练习

请和你的同伴想象一个具体场景，仿照例子练习对话。

1. 询问对方假期计划，并邀请

　A：今度の休みは、どうしますか。
　B：＿＿＿うと思っています。
　A：そうですか。
　B：Aさんは＿＿＿ことがありますか。
　A：いいえ、ありません。
　B：どうですか。一緒に＿＿＿ませんか。
　A：ありがとうございます。ぜひ。

例　A：今度の夏休みは、どうしますか。
　　B：中国の南のほうへ旅行に行こうと思っています。
　　A：そうですか。
　　B：Aさんは行ったことがありますか。
　　A：いいえ、ありません。
　　B：どうですか。一緒に行きませんか。
　　A：ありがとうございます。ぜひ。

ユニット1　忘年会の相談

2. 谈论在某件事情上是否做出了决定

A：_____かどうか、決めましたか。

B：いいえ、まだです。Aさんは？

A：私は_____うと思っています。

B：そうですか。私はもうちょっと考えます。

> 例　A：留学に行くかどうか、決めましたか。
> 　　B：いいえ、まだです。Aさんは？
> 　　A：私は行こうと思っています。
> 　　B：そうですか。私はもうちょっと考えます。

D　拓展练习

任务：制订活动计划。

目标：商讨计划和安排。

形式：分组。

步骤：(1) 各组商定本组打算举办的活动。例如，郊游、联谊会、学习会等。

　　　(2) 讨论活动安排。例如，郊游的地点、费用、交通工具等。

　　　(3) 各小组向全班说明本组的计划，征求其他小组同学的意见。

　　　(4) 全班投票选择一个活动，并根据该小组制订的计划实施活动。

第12課　年末

「かぐや姫」

　　「かぐや姫(ひめ)」是日本古代文学作品『竹取物語(たけとりものがたり)』中的主人公。「物語(ものがたり)」意为"故事""传说"，用作文学术语时意思接近于"小说"，专指盛行于中古到中世时期（9—16世纪）的叙事文学作品。『竹取物語』大致创作于公元900年前后，作者不详，是日本最早的一部物语文学作品。其写作技巧质朴自然，风格传奇浪漫，堪称"物语文学之鼻祖"。

　　『竹取物語』讲述的是这样一个美丽动人的故事。

　　从前一位老翁在发光的竹子中发现了一个身高仅3寸的小姑娘，就把她带回家同老伴一起抚养。从此老翁经常发现盛着黄金的竹子，他们的生活也越来越富裕。3个月后小姑娘长成了一位美丽的少女，取名为「かぐや姫」。仰慕少女前来求婚的人很多，其中最执着的是5位贵公子。少女答应谁能解开她出的难题就嫁给谁，但5位贵公子都没有成功。国王也前来求婚，同样也遭到拒绝，但少女同意与他保持书信往来。3年后的一天，少女对月沉思，并说出了自己的身世，她原为月宫中人，8月15日必须重返故乡。中秋月明之夜，天宫仙人前来迎接，国王率兵全力挽留，但少女最终还是辞别了老翁，身披羽衣返回了月宫，并给国王留下了一封书信和长生不老之药。

　　从这个故事中，大家或许能读出些许中国元素，也有学者认为『竹取物語』与一些中国传统民间故事内容相似，具有一定关联性，如《斑竹姑娘》等。

ユニット 2

忘年会

（《竹取物語》的演出結束了）

趙　：おもしろかったですね。

渡辺：ええ、高橋さんのかぐや姫、きれいでしたね。

趙　：いろいろな男の人がプレゼントをあげましたけど、誰とも結婚しませんでしたね。

王　：（喃喃自语）愛はお金では買えません。

（开始交换礼物）

山田：それではみなさん、プレゼントを交換します。全員で輪になって、プレゼントを自分の右の人に次々に渡してください。音楽が止まったときに持っているプレゼントが自分のです。はい、音楽スタート！

（礼物交换完毕）

高橋：王さんは何をもらいましたか？

王　：私は携帯のストラップをもらいました。高橋さんは？

高橋：私は小さいぬいぐるみをもらいました。かわいいですよ、ほら。

王　：あ、それは私が買ったプレゼントです。

高橋：本当？　じゃ、王さんがくれたぬいぐるみ、大切にします。

王　：うれしいです。高橋さんはいつもどんなクリスマスを過ごすんですか。

高橋：ケーキを買って家族で過ごすこともありますが、だいたい友達とパーティーをします。家族が全員集まるのはお正月が多いです。王さんは？

王　：中国では、家族と過ごすいちばん大切な休みは春節です。

高橋：ああ、旧暦のお正月ですね。

王　：ええ、そうです。そうだ、高橋さん、今度の春節にうちに帰るつもりなんですが、高橋さんも遊びに来ませんか。

高橋：ええ？　いいですか。

第12課　年末

王　　：もちろん。両親も喜びます。
高橋　：うれしい。ありがとうございます。楽しみ
　　　　にしています。
（交际舞音乐响起）
王　　：高橋さん、踊りましょうか。
高橋　：ええ、喜んで。（笑）

解説・語彙

1. お正月

　　日语的「お正月」虽然源自汉语，但意义与汉语"正月"不完全相同，「お正月」在现代日语中指公历1月，有时也指1月1—7日有传统节日活动的几天。

解説・文法

1. あげる／くれる／もらう〈授受〉

意义：表达人与人之间物品的授受。
译文：给；得到
说明：在表达人与人之间物品的授受时，汉语中只用一个动词"给"字，但日语中表示授受的动词很发达，其中「あげる／くれる／もらう」三个动词最具代表性，统称为"授受动词"。

　　日语的授受动词在使用时具有人称上的限制（以下例句后面括弧中的"⇒"表示物品赠予方与物品接受方之间的关系）：

A. N₁〈赠予〉は　N₂〈接受者〉に　n₃〈所赠物品〉を　＋　あげる

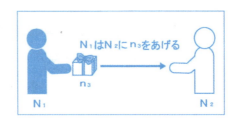

「あげる」用于表示说话人或在心理上属于说话人一方的人将物品赠予他人，接受方用格助词「に」表示。这个句式是侧重于赠予者的表达方式。

> (1) いろいろな男の人が（かぐや姫に）プレゼントを**あげました**。
>   （第三者⇒第三者）
> (2) 私は恋人に花を**あげました**。（说话人⇒第三者）
> (3) 王さん、母の日に何かプレゼントを**あげます**か。（听话人⇒第三者）

☞ 要注意「田中さんは私にプレゼントをあげました」这样的句子是错误的。

B. N₂〈赠予者〉は　N₁〈接受者〉に　n₃〈所赠物品〉を　＋　くれる

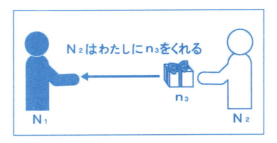

「くれる」用于表示他人将物品赠予说话人或在心理上属于说话人一方的人，接受方用格助词「に」表示。当接受方为说话人（第一人称）时，经常省略。这个句式是侧重于接受方的表达方式。

> (1) 高橋：王さんが**くれた**ぬいぐるみ、大切にしますね。（听话人⇒说话人）
> (2) お正月に祖母がお年玉（压岁钱）を**くれました**。（第三者⇒说话人）
> (3) これは姉が**くれた**プレゼントです。（第三者⇒说话人）
> (4) （对姐姐说）去年お姉ちゃんが**くれた**ノートを今も使っています。（听话人⇒说话人）

☞ 要注意「私は田中さんにプレゼントをくれました」这样的句子是错误的。

第12課　年末

C．N₁〈接受者／索取者〉 は N₂〈贈予者〉 に／から n₃〈所赠物品〉 を＋もらう

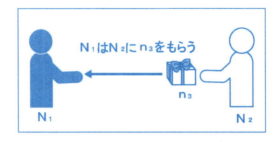

「もらう」用于表示从他人那里得到或索要物品。表示接受者或索取者的名词在句中做主语，多用助词「は」表示；而表示赠予者或给予者的名词在句子中用格助词「に」或「から」表示。这个句式是侧重于接受者(索取者)的表达方式。

(1) 高橋：王さんは何をもらいました？（第三者⇒听话人）
王　：私は携帯のストラップをもらいました。（第三者⇒说话人）
(2) 私は友達にアメリカのおみやげをもらいました。（第三者⇒说话人）
(3) クラスメートは先輩からコンサートのチケットをもらった。（第三者⇒第三者）
(4) このケーキ、一つもらってもいいですか。（听话人⇒说话人）

☞ 要注意「田中さんは私にプレゼントをもらいました」这样的句子是错误的。

2. Vることがある〈頻率低〉

意义：用于表示动作有时会发生，但是频率不太高。
译文：有时会……；间或……
接续：Vる／Vない＋ことがある

(1) ケーキを買って家族で**過ごす**こともあります。
(2) いつもはやさしい先生ですが、ときどき**怒る**ことがあります。
(3) 鈴木さんは授業に**遅れる**ことがある。
(4) 毎日暑い。夜**寝られない**ことがある。

☞ 注意该句式与「Vたことがある」的用法不同。

3. ～つもりだ〈打算〉

意义：表示说话人（第一人称）的打算、计划。
译文：我打算……
接续：Vる／Vない＋つもりだ

> (1) 今度の春節にうちに**帰る**つもりです。
> (2) 冬休みには、小説をたくさん**読む**つもりです。
> (3) 明日からはタバコを**吸わない**つもりだ。

☞ 由于受到人称的限制，例（4）、（5）这种第二人称做主语的句子一般不使用该句式，因为它会给人一种刨根问底的感觉，显得不够礼貌。

> (4) ??あなたは明日**何を**するつもりですか。
> (5) ??先生も**行く**つもりですか。

☞ 当能否进行该动作没有确实把握，或者能否实现不取决于说话人自己的意志时，一般也不使用该句式，因为它会给人一种口气很大的印象，如（6）。

> (6) ??私は卒業後、大学院に**進学**する[升学]つもりです。

解説・表現

1. 大切にします

功能：收到礼物时，表示自己对礼物的喜爱、珍惜。
译文：我一定会珍惜它的

2. そうだ、……

功能：用于突然想起了某事时，后面陈述想起来的事情。
译文：对了，……

3. 喜んで

功能：表示自己非常愿意做（对方提议的）某事。
译文：非常愿意、愿意效力；愿意为您效劳
说明：这是一个很夸张的说法，高桥是故意在开玩笑。

第12課　年末

練　習

A　课文理解练习

请在符合课文内容的（　）中画〇，不符合的画×。

(1) （　）高橋さんが演じたかぐや姫はとてもきれいでした。
(2) （　）高橋さんはいろいろな男の人からプレゼントをもらいました。
(3) （　）かぐや姫はプレゼントをくれた男の人と結婚しました。
(4) （　）プレゼント交換のとき、全員が輪になります。プレゼントは自分の右の人からもらったものが自分のです。
(5) （　）高橋さんがもらったプレゼントは王さんが買ったものです。
(6) （　）王さんと高橋さんは今度、日本でクリスマスを過ごす約束をしました。

B　基础练习

参考例句，完成句子。

1. 例　山下さん ⇒ （プレゼント） ⇒ 渡辺さん
   → 山下さんは渡辺さんにプレゼントをあげました。

   (1) 高木さん ⇒ （日中辞書） ⇒ 李さん
   (2) 私 ⇒ （中国のお菓子） ⇒ 友達
   (3) 張さん ⇒ （ノート） ⇒ 劉さん
   (4) キムさん ⇒ （花） ⇒ 良子さん

2. 例　山下さん ⇒ （日本の雑誌） ⇒ 私
   → 山下さんは（私に）日本の雑誌をくれました。
   → 私は山下さんに日本の雑誌をもらいました。

   (1) 友達 ⇒ （映画の招待券） ⇒ 私
   (2) おばあさん ⇒ （お年玉） ⇒ 私
   (3) 恋人 ⇒ （指輪） ⇒ 私
   (4) 母 ⇒ （誕生日のプレゼント） ⇒ 私

3. 例　土曜日／教室で勉強する／友達と町に行く
　　　→ 土曜日、教室で勉強することもありますが、だいたい友達と町に行きます。

(1) 朝ご飯のあと／教室の外で本文の朗読をする／教室へ勉強に行く
(2) 夜、自習のあと／友達とキャンパスを散歩する／寮に帰る
(3) 夏休み／家へ帰る／大学で勉強する
(4) 読みたい本があるとき／買って読む／ときどき図書館から借りて読む

4. 例　授業のあと、何をする／図書館で勉強する
　　　→ Ａ：授業のあと、何をしますか。
　　　　 Ｂ：図書館で勉強するつもりです。

(1) どんなテーマで作文を書く／「日本語の勉強」というテーマで書く
(2) そのおみやげは誰にあげる／母にあげる
(3) バイト代で何を買う／新しい靴を買う
(4) 明日のパーティーで何を歌う／「花」という歌を歌う

C　会话练习

请和你的同伴想象一个具体场景，仿照例子练习对话。

1. 谈论得到的礼物
　Ａ：その_____、すてきですね。
　Ｂ：ありがとう。誕生日に姉がくれました。
　Ａ：そうですか。お姉さんにもらったんですか。いいですね。

> 例　Ａ：そのスカーフ、すてきですね。
> 　　Ｂ：ありがとう。誕生日に姉がくれました。
> 　　Ａ：そうですか。お姉さんにもらったんですか。いいですね。

2. 赠送礼物
　Ａ：Ｂさん、_____おめでとう！はい、プレゼント、みんなからです。
　Ｂ：ありがとう！うれしい。開けてもいいですか。
　Ａ：どうぞ。

第12課　年末

　　B：かわいい。前からほしかったんです。大切にします。ありがとうございます。
　　A：よかった。

> 例　A：Bさん、お誕生日おめでとう！はい、プレゼント、みんなからです。
> 　　B：ありがとう！うれしい。開けてもいいですか。
> 　　A：どうぞ。
> 　　B：かわいい。前からほしかったんです。大切にします。ありがとうございます。
> 　　A：よかった。

D　拓展练习

任务：介绍自己难忘的礼物。
　　礼物能够帮助我们表达彼此的关心、祝福。介绍一个令你难忘的礼物。

張さんの発表（時計または時計の写真を見せて）
　私の忘れられないプレゼントはこの腕時計です。
　これは小学校入学のとき、両親からもらいました。私の初めての時計でした。それまでにもらったプレゼントは、おもちゃや絵本がほとんどだったから、この時計をもらったとき、自分は大きくなったんだと思って、とてもうれしかったです。私は母から時計の見方を習いました。そして、自分はもう小学生ですから、時間を守らなければならないと思いました。
　今はもうこの時計を使っていませんが、自分の成長を記録する時計ですから、今でも忘れられないのです。

ユニット2　忘年会

活动卡片例

名前	時／プレゼント	忘れられない理由
張さん	小学校入学の時、両親から人生初めての腕時計をもらった。	その時計をもらって、時計の見方、時間の大切さが分かったから。
私		

第12課　年末

ユニット3

日本語学習の振り返り

　今学期の日本語学習を振り返り、自分の学びや考えを整理しましょう。
　次の項目で、自分が達成できたものに○を、できなかったものに×をつけましょう。

1. きちんと授業の予習と復習をする。
2. 日本語を話す自信がついた。
3. 大学生活と自分が選んだ専攻に満足している。
4. クラスメートと協力し、日本語学習のタスクを果たすことができる。
5. 日本語の資料や情報をインターネットなどから収集することができる。
6. 自分の名前、出身、趣味、家族構成、経歴、熱意など基本的な情報を述べることができる。
7. 簡単な言葉で自分の気持ちを表現することができる。
8. 計画、準備、習慣、日課、好き嫌いや個人的な経験を述べることができる。
9. 身近な話題のアンケート調査に答えることができる。
10. インタビューで簡単な質問に答えたり、簡単な意見表明をしたりすることができる。
11. 電子辞書など日常生活で使う機器についての簡単な説明が理解できる。
12. 旅行、宿泊、食事、買い物など日常生活での簡単な日本語がわかる。
13. 身近な話題についての考えや情報が交換できる。
14. 日本の言語、文化への理解を深めた。
15. 日本語学習を通じて、中国の歴史や文化をもっと知ることの重要さに気づいた。
16. 日本語学習を通じて、視野を広げ、異文化コミュニケーションの意義を理解することができる。

　どうでしたか。今学期、最も達成感があったのは何番ですか。来学期も頑張りましょう。

解説・文法

1. 〜たり、〜たりする〈交替、反復、并列〉

意义：用于示例性列举两个动作或状态，暗示还有其他类似情况。也可以表示动作或状态反复、交替进行或出现。

译文：又……又……；有时……有时……；时而……时而……

接续：「たり」接动词时要接在动词的「た」形去掉「た」的形式后面，接形容词和名词时，要按照以下方式："Ⅰ类形容词词干＋かったり"，"Ⅱ类形容词词干／名词＋だったり"。

说明：一般以「〜たり〜たりする」的形式使用，有时省略后面的「たり」。接Ⅰ类形容词、Ⅱ类形容词或名词时，也说「〜たり〜たりだ」。

> (1) インタビューで簡単な質問に**答えたり**、簡単な意見表明を**したり**することができる。
> (2) 日曜日は**洗濯したり、掃除したり**します。
> (3) 食べ物をここに**置いたり**してはいけない。
> (4) すいかの値段は**高かったり、安かったり**する。
> (5) 試験問題は先生によって**簡単だったり難しかったり**します。
> (6) 父の会社は休みの日が**日曜日だったり、平日だったり**です。

2. Nを通じて〈手段、方法〉

意义：表示借助某种工具、手段或方法达到后句叙述的目的。

译文：通过……

> (1) 日本語学習**を通じて**、中国の歴史や文化をもっと知ることの重要さに気づいた。
> (2) 3人はインターネット**を通じて**知り合った。
> (3) アルバイト**を通じて**いろいろなことを学んだ。

第 12 課　年末

練　習

A　基础练习

参考例句，完成句子。

1. 例　日曜日／洗濯をします・テレビを見ます
   → A：日曜日はどんなことをしますか。
   　　B：日曜日は洗濯をしたり、テレビを見たりします。

   (1) 夏休み／山に登ります・海で泳ぎます
   (2) 休みの日／小説を読みます・音楽を聞きます
   (3) 疲れたとき／甘いものを食べます・昼寝をします
   (4) 寂しいとき／一人で散歩します・友達と話します

2. SNS・世界的な人気者になった
   → **SNSを通じて世界的な人気者になった。**

   (1) ボランティア活動／李さんと知り合った
   (2) スポーツ／友達を作った
   (3) 留学／視野を広げた
   (4) 学習の振り返り／学習の成果を実感できた

B　拓展练习

　　梳理一下你这个学期的成长历程，和同学交流一下本学期最让彼此有成就感的是什么。

ユニット3　日本語学習の振り返り

日语中的缩略词

下面这些词的缩略方式相同吗？

ビルディング → ビル（大楼，大厦）
テレビジョン → テレビ（电视，电视机）
トイレット → トイレ（厕所，洗手间）
ハンカチーフ → ハンカチ（手绢，手帕）

パーソナル・コンピューター → パソコン（个人电脑）
リモート・コントロール → リモコン（遥控器）
エア・コンディショナー → エアコン（空调）

　　第一组词是保留原词的前几个假名（音节），略去后面的；第二组是把构成原词的两个词分别缩略，由缩略后的两个词再构成新词。

缩略语、符号一览表

N——名詞（名词）
固名——固有名詞（专有名词）
A——形容詞（形容词）
A_I——Ⅰ類形容詞（Ⅰ类形容词）
A_{II}——Ⅱ類形容詞（Ⅱ类形容词）
V——動詞（动词）
V_I——Ⅰ類動詞（Ⅰ类动词）
V_{II}——Ⅱ類動詞（Ⅱ类动词）
V_{III}——Ⅲ類動詞（Ⅲ类动词）
Vる——動詞辞書形（动词词典形）
自——自動詞（自动词、不及物动词）
他——他動詞（他动词、及物动词）
副——副詞（副词）
連体——連体詞（连体词）
感——感動詞（叹词）
接——接続詞（连词）
判——判断詞（判断词）
助——助詞（助词）
格助——格助詞（格助词）
取立て助——取立て助詞（凸显助词）
終助——終助詞（语气助词）
接助——接続助詞（接续助词）
並助——並列助詞（并列助词）
引助——引用助詞（引用助词）
準助——準体助詞（准体助词）
S——文（句子）
⓪①②③——声调符号（有两个声调者，常用者在前）
〚 〛——本书的会话、课文中未采用，但实际上使用的书写形式。
▼ 非常用汉字
▽ 非常用汉字音训
○：（语法解说中）正确的表达方式，
×：（语法解说中）错误的表达方式，
??：不太自然的表达方式

索引　解説・音声

Ⅱ类形容词简体活用形的声调	〈4-3〉	感叹句的语调	〈2-1〉
拗音	〈1-2〉	数字的连读	〈2-2〉
拨音	〈1-2〉	五十音图	〈1-1〉
长音	〈1-2〉	形容词第一连用形	〈11-3〉
陈述句的语调	〈2-1〉	形容词非过去时	〈4-1〉
促音	〈1-2〉	形容词过去时	〈4-2〉
动词第一连用形	〈9-3〉	疑问句的语调	〈2-1〉
动词能动态	〈9-1〉	浊音和半浊音	〈1-2〉

Nから	〈9-1〉	Vなくては	〈10-2〉
N＋的	〈7-3〉	Vなくても	〈10-2〉
Nには	〈7-1〉	Vなければ	〈10-2〉
Nにも	〈11-2〉	Vました	〈6-1〉
Nより	〈11-2〉	Vましょう	〈7-1〉
Vた	〈6-3〉	Vます	〈5-1〉
Vたい	〈9-1〉	Vません	〈5-1〉
Vて	〈8-2〉	Vませんでした	〈6-1〉
Vていました	〈8-1〉	V（よ）う	〈12-1〉
Vています	〈8-1〉	～時（じ）	〈3-2〉
Vていません	〈8-2〉	そうですか	〈2-2〉
Vている	〈8-1〉	である	〈7-3〉
Vてください	〈9-2〉	とき	〈10-1〉
Vては	〈10-1〉	「日本の方／昨日の方」的声调	〈2-1〉
Vでしょう	〈7-2〉	～年	〈2-3〉
Vない	〈5-3〉	～年生	〈2-2〉
Vないでください	〈10-1〉	～分	〈3-2〉
Vなかった	〈6-3〉	～曜日	〈3-2〉

索引　解説・語彙

～さん	⟨2-1⟩	留守	⟨6-1⟩
はい、ええ、いいえ	⟨2-1⟩	よく	⟨6-1⟩
亲属称谓	⟨2-2⟩	～中（じゅう）	⟨6-1⟩
数量名词	⟨2-2⟩	大学祭	⟨6-2⟩
（1）基数词	⟨2-2⟩	方位处所词	⟨7-1⟩
（2）～つ（表示个数）	⟨2-2⟩	表示量的后缀	⟨7-1⟩
（3）～人（表示人数）	⟨2-2⟩	日语中常见的中国菜名	⟨7-2⟩
（4）～歳（表示年龄）	⟨2-2⟩	辞書を引く	⟨8-1⟩
お手洗い／トイレ／便所	⟨3-1⟩	オンライン決済	⟨8-2⟩
コマ	⟨3-2⟩	复数的表达方式	⟨8-3⟩
～月（表示月份）	⟨3-3⟩	常见茶叶名称	⟨9-1⟩
～日（表示日期）	⟨3-3⟩	こちら、そちら、あちら、どちら	⟨9-2⟩
～階（表示楼层）	⟨3-3⟩	する	⟨9-2⟩
副词「少し」「ちょっと」「だいたい」	⟨4-1⟩	知る	⟨10-1⟩
「簡単」「やさしい」	⟨4-1⟩	Nが好き／嫌い	⟨11-1⟩
翻訳	⟨4-2⟩	常用的感情形容词	⟨11-1⟩
相互学習	⟨4-2⟩	舞台（ぶたい）	⟨11-2⟩
～中（ちゅう）	⟨5-1⟩	やる	⟨12-1⟩
时间＋ごろ	⟨5-2⟩	お正月	⟨12-2⟩
出る	⟨5-2⟩		

索引　解説・文法

あげる／くれる／もらう〈授受〉	〈12-2〉	[N]じゃありませんか〈否定疑問〉	〈3-2〉
[Nの]あと（で）〈先后顺序〉	〈5-2〉	ずつ〈等量〉	〈9-3〉
あの〈指示〉	〈6-2〉	[Nに]する／[A₁く]する／[A₁₁に]する〈使之发生变化〉	〈10-2〉
あまり／全然～ない〈动作频率〉	〈5-3〉		
あまりA₁くないです／A₁₁ではありません〈程度不高〉	〈4-1〉	[Nに]する〈选择、决定〉	〈7-2〉
		そこ〈指示〉	〈7-2〉
いくら〈疑问(价格)〉	〈9-2〉	そして〈顺序、累加〉	〈6-3〉
[（N₁の中で）N₂が]いちばん～〈比较〉	〈11-2〉	その〈指示〉	〈4-2〉
が〈顺接〉	〈9-1〉	それから〈补充〉	〈3-1〉
が〈主体(主语、疑问)〉	〈4-1〉	それで〈因果关系〉	〈11-3〉
が〈主体〉	〈5-1〉	それに〈并列、累加〉	〈9-1〉
が〈转折〉	〈4-2〉	そんなに[A₁く]ないです／[A₁₁]ではありません〈程度不高〉	〈4-1〉
[S]か〈疑问〉	〈2-1〉		
[N₁]か[N₂]〈选择性并列〉	〈6-1〉	[V]たい〈愿望〉	〈9-1〉
～かどうか〈选择〉	〈12-1〉	だから／ですから〈因果关系〉	〈4-3〉
から〈起点〉	〈3-2〉	だけ〈限定〉	〈9-2〉
から〈原材料、成分〉	〈9-1〉	[N₁]だけで（じゃ）なく[N₂]も〈范围〉	〈11-2〉
から〈原因、理由〉	〈10-1〉	～たり、～たりする〈交替、反复、并列〉	〈12-3〉
[N₁]から[N₂]まで〈范围〉	〈3-2〉		
～からだ〈原因、理由〉	〈10-3〉	～だろう〈推测〉	〈12-1〉
[Nを]ください〈索要〉	〈9-2〉	[Nを]通じて〈手段、方法〉	〈12-3〉
[Vて]ください〈请求〉	〈9-2〉	って〈话题〉	〈8-1〉
[Vないで]ください〈否定性请求〉	〈10-1〉	～つもりだ〈打算〉	〈12-2〉
ここ、そこ、あそこ、どこ〈指示〉	〈3-1〉	[N₁]で、[N₂]です〈句子间中顿〉	〈2-1〉
～こと〈名词化〉	〈11-3〉	Vて〈并列〉	〈8-3〉
[Vた]ことがある〈经历〉	〈12-1〉	[V₁]て、[V₂]て、[V₃]〈连续动作〉	〈8-2〉
[Vる]ことがある〈频率低〉	〈12-2〉	で〈材料〉	〈9-1〉
[Vる]ことができる〈可能〉	〈9-3〉	で〈处所〉	〈5-1〉
この、その、あの、どの〈指示〉	〈2-2〉	で〈动作主体的数量、范围〉	〈11-1〉
これ、それ、あれ、どれ〈指示〉	〈3-1〉	で〈范围〉	〈7-2〉
[N]しか～ない〈限定〉	〈9-2〉	で〈工具、手段〉	〈5-1〉

で<限定(数量、时间)>	<9-1>	なかなか[V]（能动态）ない<可能性的否定>	<11-2>
Nである<判断>	<7-3>	[V]なくては（なければ）いけない／[V]なくては（なければ）ならない<必要；义务>	<10-2>
[V]ていて<中顿>	<11-3>		
[V]ていた<过去持续动作>	<8-1>		
[V]ている（1）<持续动作>	<8-1>	[V]なくてもいい<不必要>	<10-2>
[V]ている（2）<结果状态>	<8-2>	[Nに]なる／[A₁く]なる／[A₁₁に]なる<变化的结果>	<7-2>
[V]ている（3）<习惯、反复动作>	<8-3>		
[Nが]できる<能力>	<9-1>	[N₁]に（は）[N₂]がある／いる<存在>	<7-1>
〜でございます<判断（礼貌）>	<9-2>	に<对象>	<6-1>
〜でしょう<确认>	<10-2>	に<客体的处所>	<7-3>
〜でしょう<推测>	<7-2>	に<目的地>	<5-2>
[V]てはいけない<禁止>	<10-1>	に<时间点>	<5-2>
[N₁]で（は）[N₂]がある<事件的存在>	<8-3>	に<原因、诱因>	<11-3>
でも<示例>	<7-2>	に<着落点、到达点>	<6-3>
でも<转折>	<3-2>	に<状态、性质的对象>	<11-2>
[N₁]でも[N₂]でも（いい）<许可>	<11-2>	に<状态>	<10-3>
[V]てもいい<允许>	<10-1>	[N₁]（周期）に[N₂]（数量）<频率>	<11-2>
と<并列>	<2-2>		
と<相互动作的对象><同一动作的参与者>	<6-3>	[N]について／[N]についての<相关>	<10-3>
と<引用>	<8-1>	[V]に行く／来る<有目的的移动>	<6-1>
[N₁]と[N₂]と（では）どちら（のほう）が<选择>	<11-2>	[S]ね<确认>	<2-1>
		の<连体修饰语从句中的主语>	<11-2>
〜というN<命名>	<11-1>	の<领属>	<2-1>
どうして<原因(疑问)>	<10-2>	の<同位>	<2-3>
とか<举例>	<5-2>	[N₁]（＋格助词）＋の＋[N₂]<动词词组名词化>	<9-1>
[Nの]とき<状态的时间>	<4-2>		
[Vている]／[Vない]とき（に）<时点>	<10-1>	は<部分否定>	<10-3>
		は<对比>	<4-2>
[Vる]／[Vた]とき（に）<时点>	<10-2>	[N₁]は[N₂]がA　です<主谓谓语句>	<4-2>
ところで<转换话题>	<6-1>	[N₁]は[N₂]でした<名词谓语句的过去时>	<4-2>
[N₁もN₂も]どちらも（同じぐらい）〜<相同>	<11-2>	[N₁]は[N₂]です<名词谓语句>	<2-1>
		[N₂]は[N₁]にある／いる<所在>	<7-1>
[N]とともに<类同>	<11-3>	[N₁]は[N₂]より〜<比较>	<11-2>
どんな[N]ですか<疑问>	<3-2>	[N]はどうでしたか<询问过去的情况>	<4-2>
〜と思う<想法>	<12-1>	[N]はどうですか（1）<询问看法>	<4-1>
[N]と同じ<类同>	<4-2>	[N]はどうですか（2）<建议>	<4-2>
〜と言う<直接引语>	<10-3>	へ<方向>	<6-3>

[N が]ほしい＜愿望＞	＜9-1＞	动词的简体(肯定、否定)	＜5-3＞
[V]ましょう（か）＜建议＞	＜7-1＞	动词的简体过去时	＜6-3＞
[V]ましょう／[V]ましょうか＜意志、征求同意＞	＜8-1＞	动词的敬体(肯定、否定)	＜5-1＞
		动词的敬体过去时	＜6-1＞
[V]ませんか＜建议＞	＜7-2＞	动词的类型	＜5-1＞
まだ[V]ていない＜未完成＞	＜8-2＞	动词的连体形＜连体修饰语＞	＜11-1＞
まで＜终点＞	＜3-2＞	动词的能动态	＜9-1＞
までに＜期限＞	＜7-2＞	动词的体	＜8-1＞
[Nが]見える＜可能＞	＜7-1＞	动词的意志形	＜12-1＞
も＜类同＞	＜3-1＞	感情、感觉形容词	＜11-1＞
[N₁]も[N₂]も＜并列＞	＜4-2＞	敬体与简体	＜4-1＞
もう[V]た＜已完成＞	＜8-2＞	名词谓语句的简体形式	＜4-3＞
[N₁]や[N₂]など＜并列＞	＜3-3＞	数量词+[V]＜对象的数量＞	＜7-1＞
[S]よ＜主张、提示＞	＜4-2＞	数量词＋も＜主观多量＞	＜9-2＞
〜予定だ＜计划＞	＜12-1＞	无助词现象	＜6-1＞
[N₂]より[N₁]のほうが〜＜比较＞	＜11-2＞	形容词	＜3-1＞
[Nが]わかる＜理解＞	＜8-2＞	形容词的第二连用形（A₁くて／A₁₁で）	＜4-3＞
を＜出发点＞	＜5-2＞	形容词的第一连用形(A₁く／A₁₁に)	＜6-3＞
を＜客体＞	＜5-1＞	形容词的第一、第二连用形用于句子中顿	＜11-3＞
を＜移动的范围＞	＜6-2＞		
〜んです／〜の（ん）だ／〜のである＜说明理由＞	＜7-2＞	形容词的简体非过去时、过去时	＜4-3＞
		形容词的敬体非过去时	＜4-1＞
〜んです／〜んですが＜引入话题＞	＜7-2＞	形容词的敬体过去时	＜4-2＞
〜んですか＜要求说明＞	＜7-1＞	形容词的连体形	＜3-1＞
表示频率的时间副词与名词	＜5-1＞	形容词谓语句	＜4-1＞
动词	＜5-1＞	形式名词「の」	＜9-1＞
动词的第二连用形	＜8-1＞	疑问词	＜2-2＞
动词的第一连用形表达并列	＜9-3＞	疑问词＋（格助词＋）も＜全面否定＞	＜6-1＞
动词的非过去时＜习惯、反复＞	＜5-1＞	疑问词＋か＜虚指＞	＜6-1＞
动词的非过去时＜将来＞	＜5-2＞	自动词和他动词	＜5-1＞

索引　解説・表現

……と	<8-2>	昨日はどうもすみませんでした	<2-1>
～さん、えらいですね	<6-1>	今日はどうもありがとう	<10-2>
～と申します	<2-3>	こちらこそ	<2-1>
～へようこそ	<2-3>	こちらはいかがですか	<9-1>
～をお探しですか	<9-2>	こちらは高橋美穂さんです	<2-1>
あ、大変！	<3-2>	こちらへどうぞ	<7-2>
相手の人は今でもいい友達です	<4-2>	ご無沙汰しています	<8-3>
あのう、すみません	<3-1>	ごめんなさい	<4-3>
ありがとうございます	<9-2>	こんにちは	<2-3>
いいえ、まだまだ下手です	<4-2>	こんばんは	<11-1>
いいですね	<4-2>	さあ、行きましょう	<7-1>
いいんですか	<10-1>	じゃ、ちょっと	<3-1>
いえいえ	<6-1>	じゃあ、また	<2-1>
いただきます	<7-2>	じゃあ、また来てくださいね	<10-2>
いつもお世話になっております	<8-3>	すごーい、～さん	<8-2>
今、ちょっといいですか	<11-1>	じゃあ、失礼します	<10-2>
いらっしゃいませ	<9-1>	すみません	<2-1>
うれしい！	<11-1>	ぜひお願いします	<4-2>
ええ、ちょっと	<2-1>	そうだ、…	<12-2>
ええ、まあ	<2-1>	そうね、そうしましょう	<7-1>
ええ？	<4-1>	それでは、またご報告します	<8-3>
えーっと	<8-2>	それはいいですね	<6-1>
王さんのご家族は何人ですか	<2-2>	それはちょっと	<9-1>
おかえりなさい	<6-1>	大切にします	<12-2>
おかげさまで	<6-1>	大丈夫です	<5-2>
おじゃまします	<10-2>	助かりました	<8-1>
お疲れさまでした	<6-1>	どういたしまして	<8-1>
おはよう	<2-1>	どうしたんですか	<8-1>
おやすみなさい	<10-2>	どうぞよろしく	<2-1>
お口に合いますか	<7-2>	どうも	<3-1>
該当項目にチェックをお願いします	<5-3>	とっても	<4-1>
気にしないでくださいね	<10-1>	とても厳しい先生です	<3-2>

はい、チーズ	⟨7-1⟩	もしもし	⟨8-1⟩
はい、はい	⟨10-1⟩	やったー！	⟨11-1⟩
はい	⟨3-1⟩	よかったですね	⟨6-1⟩
はじめまして	⟨2-1⟩	よく知っていますね	⟨11-1⟩
へえ	⟨6-2⟩	喜んで	⟨12-2⟩
ほら	⟨3-2⟩	留守中、いろいろとありがとうございました	
本当ですか	⟨11-1⟩		⟨6-1⟩
またあとで	⟨3-2⟩	わあ、いいですね。ぜひ	⟨7-2⟩
待っています	⟨8-1⟩	わあ、できました	⟨8-2⟩
もう、李さん、違います！	⟨10-1⟩	私も応援します	⟨11-2⟩

索引　コラム

英语字母的日语读音	2	知识问答（1）	7
日本学校的学制	2	知识问答（2）	8
日本国名的由来	3	日本人的「先輩」意识	8
遣唐使	3	购物小常识	9
日本人的姓名	4	语法专栏（2）　日语动词的分类	9
日语中的常用汉字	4	同形词	9
「喫茶」和「飲茶」	5	喜欢脱鞋的日本人	10
语法专栏（1）术语	5	「和製英語」	10
打电话的礼节	5	"N个月"的几种写法	11
来自汉语的"外来词"	6	中国话剧与日本	11
富士山	6	「かぐや姫」	12
日本料理	7	日语中的缩略词	12

后　记

《综合日语》（第三版）修订方针由中日双方编委会讨论决定，各册由总主编和分册主编负责统稿和定稿。

第一册的修订工作由主编何琳、滨田亮辅、刘健负责具体策划和统稿，各部分执笔工作具体分工如下：

会话、课文：滨田亮辅、何琳

生词及索引：刘健

语音讲解及索引：孙佳音

词语讲解及索引：刘健

语法讲解及索引：王轶群、周彤

表达讲解及索引：何琳

练习：何琳、冷丽敏、杨峻

专栏、小知识：孙佳音

日语审定：滨田亮辅、山本美纪、苍山武义

全书审定：彭广陆、守屋三千代

声调审定：守屋三千代

为了给使用《综合日语》的广大教师和学生提供信息交流的平台，打破纸质教材的局限性，加强编写者与使用者以及使用者之间的互动，充分发挥网络的功能，我们创建了"综合日语"微信公众号，同时在b站、喜马拉雅、抖音、西瓜视频、今日头条等国内主要网络平台注册了"综合日语"账号。迄今为止，已分享大量的语法教学视频、课文解说以及听力和阅读等方面的学习资源。今后我们将继续提供教学中可以使用的素材、信息，努力为教师和同学们提供动态的、多样化的、丰富的学习支援，为广大日语学习者提供能够满足不同个性化学习需求的日语学习资源。

最后，衷心感谢所有使用本教材的教师和同学，感谢大家对《综合日语》提出的宝贵意见、中肯批评以及热情鼓励。

感谢《综合日语》第一版、修订版所有编委会成员，《综合日语》能够有今天的成绩是你们努力的结果。

感谢北京大学出版社外语编辑室主任张冰女士为第三版的出版提供的帮助，感谢本书责任编辑、北京大学出版社的兰婷女士为第三版的出版所付出的努力。

本教材的录音工作得到了小林千惠女士、星和明先生的大力协助，保证了本教材的形式与内容的完美统一，谨此向他们致以谢意！

《综合日语》（第三版）编辑委员会
2022年5月20日

参考书目

教育部高等学校教学指导委员会编：《普通高等学校本科专业类教学质量国家标准（全2册）》，北京：高等教育出版社，2018

教育部高等学校外国语言文学类专业教学指导委员会等编著：《普通高等学校本科外国语言文学类专业教学指南(下)》，上海：上海外语教育出版社，2020

铃木康之主编：《概说现代日语语法》，长春：吉林教育出版社，1999

彭广陆、守屋三千代总主编：《综合日语》（第一——四册），北京：北京大学出版社，2004-2006

彭广陆、守屋三千代总主编：《综合日语》（第一——四册）（修订版），北京：北京大学出版社，2009-2011

朱春跃：《语音详解》，北京：外语教学与研究出版社，2001

朱春跃、彭广陆主编：《基础日语教程》（第1—4册），北京：外语教学与研究出版社，1998—2001

NHK放送文化研究所編：『ＮＨＫ日本語発音アクセント新辞典』、NHK出版、2016

山田忠雄等：『新明解国語辞典（第七版）』、三省堂、2013

松村明編：『大辞林（第四版）』、三省堂、2020

グループ・ジャマシイ：『教師と学習者のための日本語文型辞典』、くろしお出版、1998

髙見澤孟監修：『新・はじめての日本語教育基本用語辞典増補改訂版』、アスク講談社、2019

松岡弘監修、庵功雄・高梨信乃・中西久実子・山田敏弘：『初級を教える人のための日本語文法ハンドブック』、スリーエーネットワーク、2000

新屋映子・姫野伴子・守屋三千代：『日本語教科書の落とし穴』、アルク、1999

阪田雪子編著、新屋映子・守屋三千代：『日本語運用文法——文法は表現する』、凡人社、2003

池上嘉彦・守屋三千代：『自然な日本語を教えるために―認知言語学をふまえ

　　　　て―』、ひつじ書房 2010
小柳かおる：『日本語教師のための新しい言語習得概論』、スリーエーネットワー
　　　　ク、2004
迫田久美子：『日本語教育に生かす第二言語習得研究』、アルク、2002
鈴木重幸：『日本語文法・形態論』、むぎ書房、1972
高橋太郎ほか：『日本語の文法』、ひつじ書房、2005